大学4年間の

経営学
見るだけ
ノート

監修
平野敦士カール
Carl Atsushi Hirano

宝島社

はじめに

組織はいかにして世の中に価値を与えられるか?

「経営学って企業がお金儲けするための学問でしょ? 私には関係ない! 難しそうだし……」多くの方がそんな印象を持っているのではないでしょうか?

しかし、経営学とは、企業に限らず広く組織が持つ人・モノ・金・情報という経営資源を活用して、いかに効率的に世の中に価値を提供することができるのかを学ぶ学問です。組織とは、広い意味では会社だけでなく非営利組織や個人事業をも含むものです。

本書は、経営学を全く知らない方でもイラストと会話を多く含む文章で、経営学の基礎が俯瞰できるようになっています。経営学ってなに? という疑問から始まり、経営を行ううえで必要な経営戦略、マーケティング、ビジネスモデル、ファイナンス、生産管理、組織についてのエッセンスが一気に学べます。

大学4年間の
経営学見るだけノート

監修
平野敦士カール
Carl Atsushi Hirano

宝島社

　具体的には、PEST分析、3C分析、クロスSWOT分析、PDCA、STP、4Pなど経営をうまく行うために活用できるフレームワーク（情報を分類するための公式）、ニュースなどでよく目にするM&Aやトヨタのかんばん方式からフィンテック、アドネットワーク、オムニチャネルなど最新のワードまで幅広くカバーしています。

　学生の方、企業に就職しようとしている方、自分でなにかの事業をしようと考えている方だけでなく、今まで経営学に興味のなかった方にも楽しんで学んでいただけると思います。

　経営学に興味を持った方は、興味のある分野についてさらに深く学んでいただきたいと思います。本書がそんなきっかけになることを願います。

　さらに学びたい方には、私の書いた『カール教授のビジネス集中講義』シリーズ（経営戦略、ビジネスモデル、マーケティング、金融・ファイナンス）（朝日新聞出版）もお勧めします。

　　　平野敦士カール

大学4年間の 経営学見るだけノート
- contents -

はじめに ……………………………………… 2

chapter 1
経営学のギモン

01 経営学ってなに?
経営学 ……………………………………… 10

02 経営ってどういうこと?
人・モノ・金・情報 ……………………… 12

03 どうして経営学を
学ぶ必要があるの?
経営者の視点 ……………………………… 14

04 経済学となにが違うの?
経済学と経営学の違い …………………… 16

05 経営コンサルタントって
なにをしているの?
経営コンサルタント ……………………… 18

06 MBAってどんな資格なの?
MBA ………………………………………… 19

column 01 …………………………………… 20

chapter 2
企業のギモン

01 株式会社ってそもそもなに?
株式会社・上場 …………………………… 22

02 子会社と関連会社って
なにが違うの?
子会社・関連会社 ………………………… 24

03 ホールディングス制って
親子会社とは違うの?
ホールディングス制 ……………………… 26

04 会社同士が協力するには
どんな形があるの?
業務提携・コーペティション経営 ……… 28

05 M&Aってなに?
M&A ………………………………………… 30

06 M&Aのやり方にも
種類があるの?
事業承継・TOB・LBO …………………… 32

07 M&Aや業務提携にも
方向性があるの?
垂直統合・水平統合・水平分業 ………… 34

08 ベンチャー企業が上場
するってどういうこと?
ベンチャー企業・ユニコーン企業 ……… 36

09 企業と社会の関係も
昔とは変わっているの?
CSR・CSV ………………………………… 38

column 02 …………………………………… 40

chapter 3
経営戦略のギモン①

01 経営戦略ってなに?
経営理念・3C分析 ……………… 42

02 どうやって戦略を立てるの?①
PEST分析 ………………………… 44

03 どうやって戦略を立てるの?②
SWOT分析・クロスSWOT分析
………………………………………… 46

04 どうやって戦略を立てるの?③
VRIO分析 ……………………… 48

05 どういう事業を起こすか
どう決めるの?①
事業ドメイン …………………… 50

06 どういう事業を起こすか
どう決めるの?②
コア・コンピタンス ……………… 52

07 色んな分野の事業に
手を出すのがいいの?
多角化・シナジー効果 …………… 54

08 色んな事業をやっていたら
お金がなくならないの?
PPM …………………………… 56

09 もっと事業を拡大する
方法はないの?
製品―市場マトリックス ………… 58

10 ブルー・オーシャンってなに?
ブルー・オーシャン …………… 60

column 03 ……………………… 62

chapter 4
経営戦略のギモン②

01 勝負する業界を
どうやって決めるの?
ファイブフォース分析 ……………… 64

02 他社との競争に勝つには
どんな戦略を取るの?①
コスト・リーダーシップ戦略 ………… 66

03 他社との競争に勝つには
どんな戦略を取るの?②
差別化戦略 ……………………… 68

04 他社との競争に勝つには
どんな戦略を取るの?③
集中戦略 ………………………… 70

05 他社と自社の違いを
もっと細かく見るには?①
バリューチェーン分析 …………… 72

06 他社と自社の違いを
もっと細かく見るには?②
競争地位別戦略 ………………… 74

07 儲かりそうな事業かどうか
どうやってわかるの?
アドバンテージ・マトリックス ……… 76

08 シミュレーションも
実際にしてみよう!
シナリオ・プランニング™ ………… 78

09 戦略がうまくいっているか
どうやって確認するの?
PDCA・BSC ……………………… 80

10 楽天とか Google の
経営戦略ってなに?
プラットフォーム戦略® ················ 82

11 日本生まれの経営戦略が
あるって本当?
ランチェスター戦略® ·················· 84

column 04 ···························· 86

chapter 5
マーケティングの
ギモン

01 マーケティングってなに?
顧客創造・イノベーション ············ 88

02 マーケティングをする
対象って?
マーケティング 1.0 ～ 4.0 ············ 90

03 社会貢献を含めた
マーケティングって?
コーズ・リレーテッド・
マーケティング ······················· 92

04 マーケティングって
どうやって進めるの?①
マーケティング戦略・リサーチ ······· 94

05 マーケティングって
どうやって進めるの?②
STP ································· 96

06 マーケティングって
どうやって進めるの?③
4P・MM ···························· 98

07 お客さんが製品に満足しているか
どうやって知るの?
CS ································· 100

08 BtoB、BtoC ってなんのこと?
BtoB・BtoC ······················· 102

09 製品にも一生があるって
どういうこと?
製品ライフサイクル ·················· 104

10 お客さんに
より満足してもらうには?①
ワントゥワンマーケティング ········· 106

11 お客さんに
より満足してもらうには?②
CRM ······························· 108

12 特定のお客さんをひいき
した方が儲かるの?
パレートの法則 ······················ 110

13 最新のマーケティングって?①
オムニチャネル・エンドレスアイル ·· 112

14 最新のマーケティングって?②
ショールーミング ···················· 114

15 IT 時代のマーケティングって?①
トリプルメディア ···················· 116

16 IT 時代のマーケティングって?②
リスティング広告 ···················· 118

17 IT 時代のマーケティングって?③
ネイティブ広告 ······················ 120

18 IT 時代のマーケティングって？④
アドネットワーク ･･････････････ 122

column 05 ･･････････････ 124

chapter 6
ビジネスモデルの ギモン

01 ビジネスモデルってなに？
ビジネスモデル ････････････････ 126

02 ミクシィや DeNA の
無料ゲームはなんで儲かるの？
フリーミアム ････････････････ 128

03 Airbnb とか Uber って
どんな仕組みなの？
シェアリングビジネス ･･････････ 130

04 Facebook って
なにが新しかったの？
オープン戦略 ････････････････ 132

05 グルーポンは
なにが画期的だったの？
ソーシャル活用モデル ･･････････ 134

06 ネスレとジレットの共通点って？
カミソリと刃モデル ････････････ 136

07 デアゴスティーニが考えた
ビジネスモデルって？
分割モデル ･･････････････････ 138

08 売れ筋以外を充実させる
Amazon の戦略って？
ロングテールモデル ････････････ 140

09 コストコは会員しか買えないのに
なぜ儲かるの？
会員制モデル ････････････････ 142

10 IBM はパソコンを作るのを
やめてなにで儲けている？
ソリューションモデル ･･････････ 144

column 06 ･･････････････ 146

chapter 7
生産管理の ギモン

01 生産管理ってどういうこと？
見込み生産・受注生産・BTO ･･･ 148

02 なにをどのくらい作るか
どうやって決めているの？
変動費・固定費・損益分岐点 ･･･ 150

03 大量生産に向く製造方法と
その弱点って？
フォード生産方式・セル生産方式 ･･ 152

04 世界に評価された
日本の生産方式って？
JIT・かんばん方式 ･･････････ 154

05 生産効率をもっと上げる
方法はないの？
サプライチェーン・SCM ･･････ 156

06 コンビニの PB 商品って
誰が作っているの？
OEM ･･･････････････････････ 158

07 規格が決まっている商品と
決まっていない商品って?
デジュールスタンダード・
デファクトスタンダード ……………… 160

08 大量に作れば安売りできるのは
どうして?
規模の経済 ……………………… 162

09 生産で出た廃棄物を
利用できないの?
範囲の経済 ……………………… 164

10 開発から発売までの期間を
なるべく短くするには?
コンカレント・エンジニアリング …… 166

column 07 ………………… 168

chapter 8
組織のギモン

01 組織はどういう基準で作られる?
職能別組織・事業部制組織 ……… 170

02 自社の組織を分析するには?
7S ……………………………… 172

03 組織を変えるには
どういう手順を踏めばいいの?
チェンジ・マネジメント理論 ………… 174

04 日本人が考えて
世界に普及した理論って?
暗黙知・形式知・SECIモデル … 176

column 08 ………………… 178

chapter 9
金融・ファイナンスの
ギモン

01 フィンテックってなに?
フィンテック ……………………… 180

02 キャッシュフローってなに?
キャッシュフロー ………………… 182

03 財務諸表ってなに?
財務諸表・貸借対照表・損益計算書・
キャッシュフロー計算書 ………… 184

04 業績の良し悪しは
どこを見ればわかる?
経営指標 ………………………… 186

05 時価総額ってなに?
時価総額 ………………………… 188

column 09 ………………… 190

参考文献 ………………………… 191

chapter 1

経営学のギモン

将来、カフェを開きたいという夢を持つ
ケイ子さんは、大学で経営学部に入りました。
今日は講義の第1回目で、
「経営学とはなにか?」を学ぶようです。

KEY WORD → 経営学

経営学
01 経営学ってなに？

経営学と聞いて「なんだか難しそう」と思うでしょうか。では、どんな学問なのでしょう。

将来カフェをやりたいという夢を持っているケイ子さんは、大学で経営学の講義を受けています。教授はまず「**経営学とはどんな学問なのか？**」について話し「経営学とは、企業の経営がうまく行った事例から導き出される仕組みや失敗した事例から、失敗しないための作戦をまとめたものです。チェスや将棋などで言えば、有利に進められる作戦、つまり定跡をまとめたものになります」と説明しています。

経営学はボードゲームの定跡集

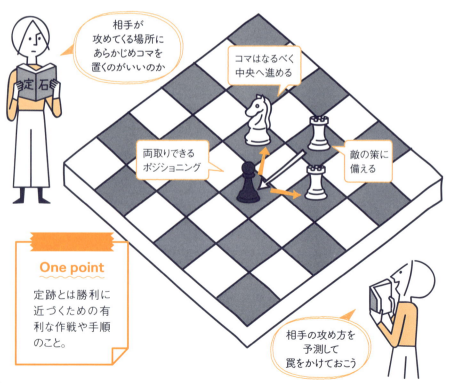

One point
定跡とは勝利に近づくための有利な作戦や手順のこと。

教授は続けます。「しかし、将棋などと違って経営学は、時代や社会の変化の影響を受けるので、昔の定跡の経営理論の中には適用できないものもあります。そのため新しい環境下では、様々な仮説──「こうしたらうまく行くのでは?」という仮の定跡が登場し、それが実践され、通用したものだけが、また定跡として定着し残っていく、その繰り返しになります」

環境の変化を受け、移り変わる理論
QBハウスの例

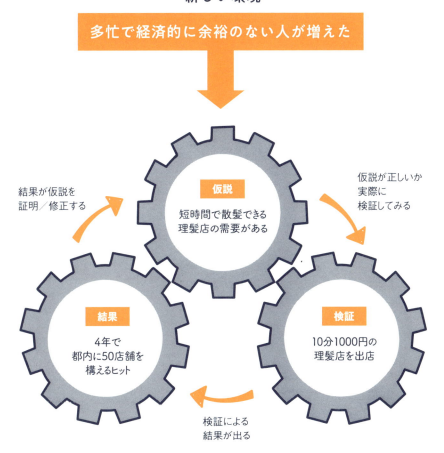

KEY WORD → 人・モノ・金・情報

経営学
02

経営ってどういうこと？

経営をしていると一口に言っても、実際には、会社はなにをやっているのでしょうか。

経営学のイメージについては、なんとなくわかったケイ子さんでしたが、会社経営とは実際なにをやっているのかという疑問がわきました。教授は「会社経営とは、大きな回転式コンベアを想像してください。大まかには、企業が株主から預かった資金で、お客さんに様々な製品やサービスを送り、それをお金にして戻してもらう形になっています」と言いました。

循環する会社経営のコンベア

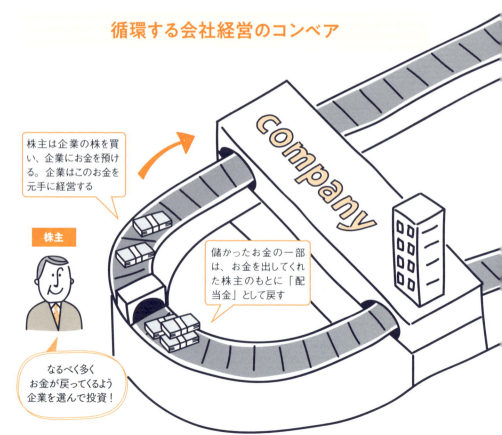

株主は企業の株を買い、企業にお金を預ける。企業はこのお金を元手に経営する

株主

なるべく多くお金が戻ってくるよう企業を選んで投資！

儲かったお金の一部は、お金を出してくれた株主のもとに「配当金」として戻す

12

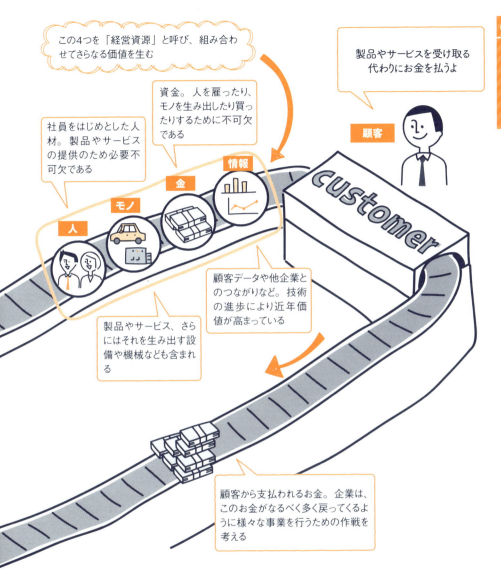

「企業は、**人・モノ・金・情報**の4つ、すなわち人は社員、モノは製品やサービス、金は資金、情報はデータなどで、これら4つを組み合わせて、お客さんに有益な製品やサービスを提供します。そして、お客さんは、それに対してお金を支払い、企業はお金を得ます。その得たお金の一部を株主に配当金として渡します。株主はさらに企業の株を買い、企業に投資します」

KEY WORD → 経営者の視点

経営学
03

どうして経営学を学ぶ必要があるの？

お店や会社を経営するのは一部の人です。それ以外の人にとって経営学はどんな意味があるのでしょう。

学生の1人が教授に「僕は将来、お店も会社も経営する予定はなく、どこかの大企業に勤めようと考えているのですが、そんな僕が経営学を学ぶ意味はあるんでしょうか」と質問しました。教授は「会社員と言っても、様々な部署があります。そして、基本的には配属された部署のやっていることはよくわかっても、他の部署がなにをしているかは、なんとなくしかわからないものです」と答えました。

大企業ほど他の部署のことはわからない

教授は続けて「経営学を学べば、会社にはどのような部署があり、そこでなにを目指し、なにをしているのかを知ることができます。それを知り**経営者の視点**で全体を見られるようになれば、自分の部署で自分がどのように動けば望ましいかもわかってきます。そうなれば、きっと自分の仕事にもやりがいが見つけられるでしょう。これが一般社員でも経営学を学ぶことの大きな意味なのです」と言いました。

経営者の視点を持つことの意味

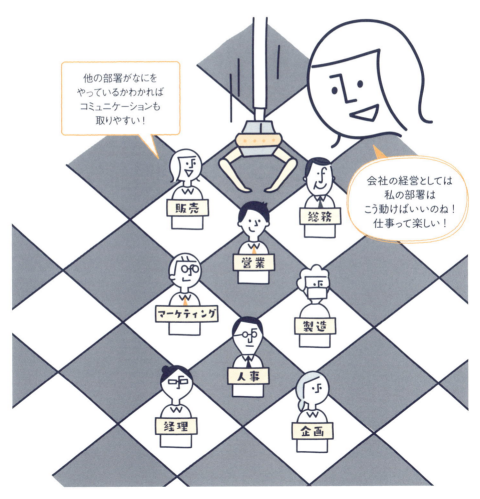

KEY WORD → 経済学と経営学の違い

経営学 04
経済学となにが違うの？

名前の似ている経済学と経営学。しかし、なにが違うのか説明できない人も多いのではないでしょうか。

また別の学生から「経済学と経営学はなにが違うんでしょう？」との質問が出ました。教授は言います。「経営学は企業の活動を中心とした学問であることは、わかってもらえたと思います。それに対して経済学は、企業だけでなく、個人、政府、日本と世界など、もう少し広い観点で経済活動を分析する学問なのです。もちろん経営学でもそれらを扱いますが、経営学の場合、あくまで企業が中心なのです」

経済学と経営学のフォーカスの違い

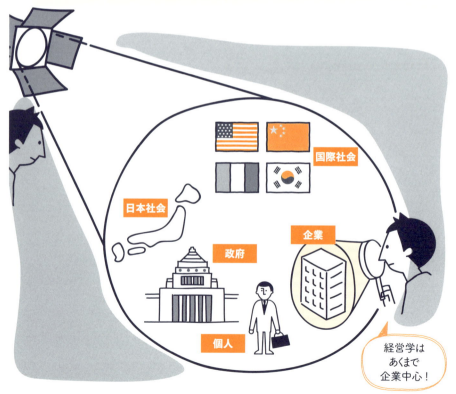

16

01 経営学

「もう少し詳しく言うと、経済学にはマクロ経済学とミクロ経済学の2つがあります。たとえば不景気の場合を考えてみましょう。マクロ経済学は、景気をよくするために政府はなにをするべきか、といった国全体の経済のメカニズムを考えます。ミクロ経済学は、モノの値段が下がると消費者や企業はどのような消費行動を取るのかといった法則を見つけて分析します。一方で経営学は、企業がモノが売れない状況で生き残るための最適な方法を考えます」

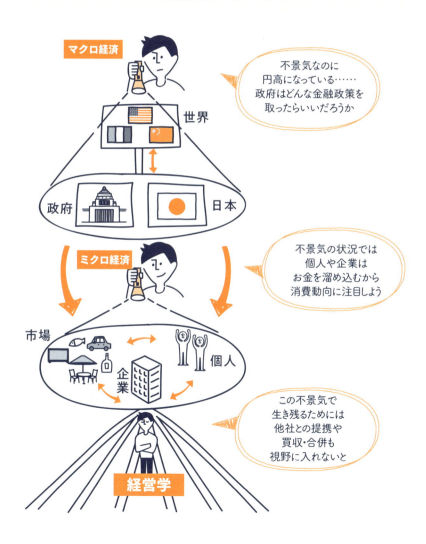

もしも不景気になったら……

KEY WORD → 経営コンサルタント

経営学 05

経営コンサルタントってなにをしているの？

企業の経営陣は経営を行う際にしばしば、専門家——つまり経営コンサルタントの意見を聞き参考にします。

ケイ子さんは教授の話を聞きながら疑問に思ったところを質問してみました。「企業の経営陣は、彼らだけで経営の方針を考えているのでしょうか」。教授は「経営陣は社内だけでなく社外の専門家のアドバイスを聞くことも増えています。それが**経営コンサルタント**です。近年では民間企業だけでなく、NPO法人や自治体、病院や学校にも経営コンサルタントが入ることも増えています」。と答えました。

様々な団体にアドバイスする経営コンサルタント

One point
経営コンサルタントは資格がいらないので、大学教授の中には、大学で教えながらコンサルティング業をしている者もいる。

KEY WORD → MBA

01 経営学

経営学 06

MBAって どんなしかくなの?

経営学に関係する資格でよく聞くのがMBA。どのようなものなのでしょう。

講義も終わりに近づいてきました。最後に教授が質問します。「この中で**MBA**を取ろうと思っている人はいますか?」何人かが手を挙げました。「MBAというのはMaster of Business Administrationの略で、経営学の修士号です。海外で取得できるものと国内のビジネススクールで取得できるものがありますが、日本企業での評価のされ方が違う場合もあるので、それを理解したうえで目指しましょう」

海外MBAと国内MBAの比較

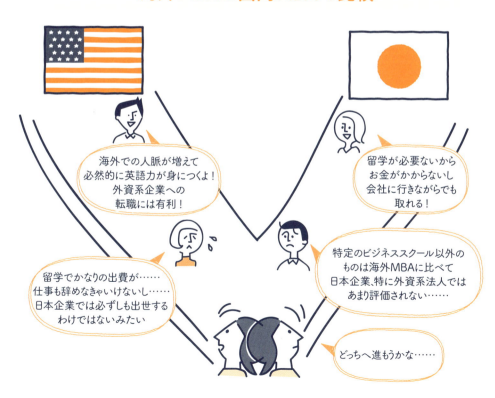

海外での人脈が増えて必然的に英語力が身につくよ!外資系企業への転職には有利!

留学が必要ないからお金がかからないし会社に行きながらでも取れる!

留学でかなりの出費が……仕事も辞めなきゃいけないし……日本企業では必ずしも出世するわけではないみたい

特定のビジネススクール以外のものは海外MBAに比べて日本企業、特に外資系法人ではあまり評価されない……

どっちへ進もうかな……

19

column

No. 01

経営学はどうやって始まった？

　そもそも経営学はどのように始まったのでしょうか。18世紀後半から始まった産業革命により、社会はそれまでの農村中心の社会から資本主義的な工業社会へと変わりました。しかし、やがて労働者と資本家の間で、工場の劣悪な労働環境を原因とする闘争が起こりました。

　その後、19世紀後半、急速に工業化が進んだアメリカで生まれたフレデリック・テイラーの労働者管理法──「科学的管理法」が経営学の始まりだと言われています。テイラーは、それまでひとりで何工程も担当していた工員の仕事を分業し、流れ作業にすることで、コストを10分の1以下にしました。また、一日の仕事量の決定や、作業のマニュアル化、出来高制の考案など、現在の生産管理の基礎と言ってもよい理論が「科学的管理法」に含まれていました。

F.Taylor

chapter 2

企業のギモン

ケイ子さんは、先週の講義で、経営学の
大まかなイメージについて学びました。
今日は第2回目の講義で、経営学の主役である
「企業」について学ぶようです。

KEY WORD → 株式会社・上場

企業
01

株式会社って そもそもなに？

経営学の基本的なことを学んだ先週の講義に続き、今日は企業について学びましょう。

教授が説明します。「そもそも**株式会社**とはなんでしょうか。企業は様々な事業を行うためにお金が必要です。つまり資金を調達する必要がありますが、そのためには銀行などからお金を借りるか、株式という証明書を発行してそれを誰かに購入してもらう方法があるのです。株式を購入した人を株主と言い、会社の事業がうまく行けば株式の価値が上がったり、配当と呼ばれる利益の配分を受けることができます。ただし株式を購入しても、出した資金額以上の責任は負わないのが原則です」

小さな会社は経営者や身内から集めた資金で動く

「事業が成功し会社が大きくなると証券取引所という株の売買所に認めてもらえます。そうすると会社の株式を誰でも買えるようになります。これを**上場**と言い、上場すると、会社の将来に期待した人たちから会社を発展させるためのお金を募れるようになります。多くの資金を調達できるようになると、さらに規模を拡大するための戦略が可能になり、知名度も上がるため、多くの企業は上場を目指します」

会社が大きくなるとみんなからお金を募れる

KEY WORD → 子会社・関連会社

企 業
02

子会社と関連会社ってなにが違うの？

企業は他の企業と協力して儲けます。そのひとつの形が、子会社や関連会社です。

教授は「**子会社**と親会社という言葉を聞いたことがありますね」と言いました。ある会社Aが別の会社Bの50％超の株式を持っている場合、Aを親会社、Bを子会社と呼び、この比率が20％以上50％以下の場合を**関連会社**と呼びます。厳密には親会社の持つ株の比率が40％以上でも、社長が親会社から派遣されているような「実質的に支配」されている場合にも子会社と呼ばれています。

親会社と子会社・関連会社

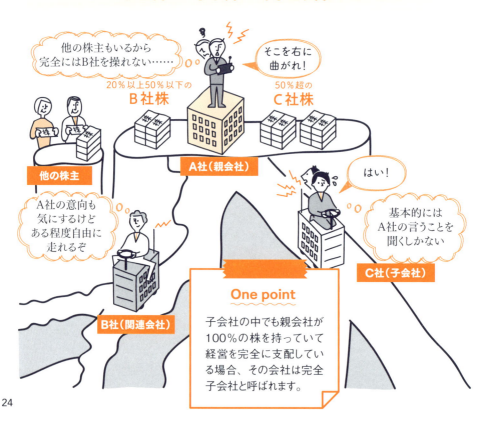

One point

子会社の中でも親会社が100％の株を持っていて経営を完全に支配している場合、その会社は完全子会社と呼ばれます。

24

02 企業

「企業はなぜこのような関係を結ぶのでしょう。実は様々なメリットがあるのです。たとえば、親会社が新規事業を始めるとき、自社の事業部で行うより、子会社で行う方が意思決定が早くなり、その事業に対して他社から出資を得ることも可能になります。子会社が儲かって上場すれば、資金も調達できます。親会社の影響力をどの程度残しておきたいかで、子会社化するか、関連会社にするかを決定します。」

なぜ子会社・関連会社を作るの？

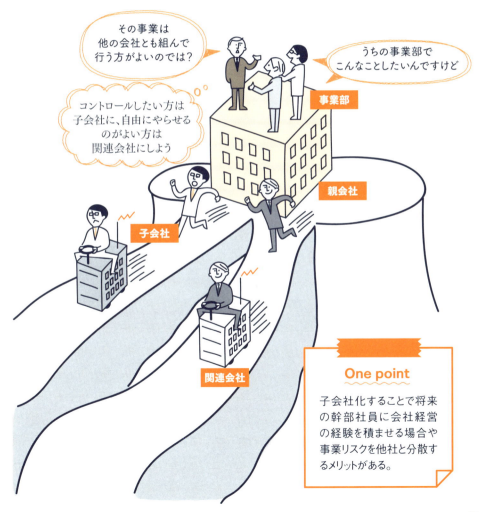

One point

子会社化することで将来の幹部社員に会社経営の経験を積ませる場合や事業リスクを他社と分散するメリットがある。

KEY WORD → ホールディングス制

企業
03

ホールディングス制って親子会社とは違うの？

近年では昔の財閥のようなグループを作る企業が増えてきました。ホールディングス制です。

教授が説明を続けます。「さらに近年では、**ホールディングス制**が人気です。この形式では親会社は事業を持たず、子会社の経営指導だけを行います。ホールディングスはグループ全体の意思決定に特化することで、経営の迅速化と、効率的な会社運営が可能となります。たとえば、セブン＆アイグループでは、セブン＆アイ・ホールディングスがセブン-イレブンなど子会社の株を持ち、経営指導をしています」

セブン＆アイ・グループの場合

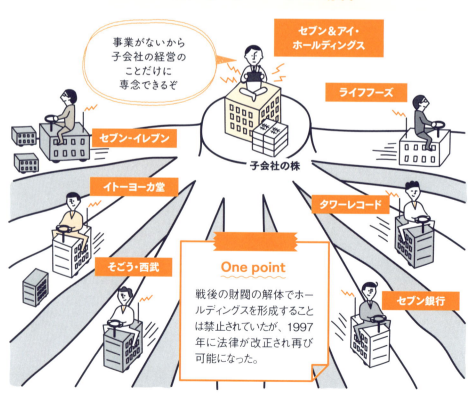

One point
戦後の財閥の解体でホールディングスを形成することは禁止されていたが、1997年に法律が改正され再び可能になった。

「親子会社とホールディングス制の大きな違いは、従来の親子会社の関係では、親会社は自社の事業を最優先に経営し、子会社は親会社の支配下に置かれます。それに対してホールディングス制では、親会社はグループ全体の利益になるように、子会社ごとに違う人事制度を導入したり、リスクを分散したりすることが可能になります。たとえばグループの子会社A社が潰れても他の子会社には影響しません」

従来の親子会社とホールディングス制の違い

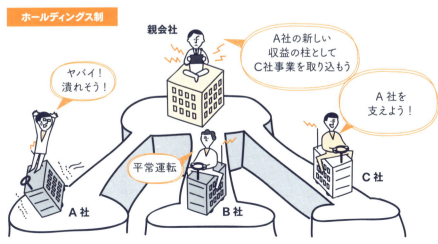

KEY WORD → 業務提携・コーペティション経営

企業 04
会社同士が協力するには どんな形があるの？

会社同士は、上下の協力関係だけではなく、横並びの協力もあります。時にはライバルと手を組むことも……。

教授は突然お菓子の話を始めました。「もし、自分が作ったお菓子が人気になって、色んな人に欲しいと言われたらどうでしょう？ 自分ひとりで大量に作るのは大変ですね。そんなときは友達に頼んで一緒に作ってもらいますね。会社同士でもこのように協力することがあります。これを**業務提携**と言い、様々な形での提携の仕方があります」

色々な提携の形

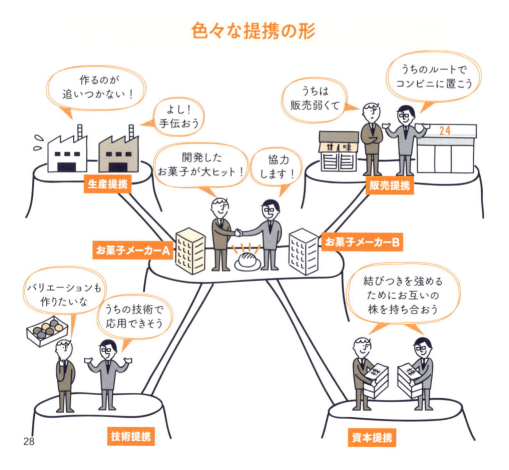

28

02 企業

教授は「駅前には安くてすぐに食べられる牛丼屋やラーメン屋などのお店が集まっていますね。なぜライバルのいるところにわざわざお店を出すのでしょう？」と質問しました。「実はわざとライバルの近くに出店して、ひとつのエリアに同じような店が増えれば、そこに集まる人も増え、売り上げも増えます。このような経営を**コーペティション経営**と言います。」

コーペティション経営とは？

One point
コーペティションとは「Cooperation（協調）」と「Competition（競争）」を組み合わせた造語で、競争相手と協調関係にある状態を表している。

KEY WORD → M&A

企業
05

M&Aってなに？

他の会社や事業部を丸ごと買って自社のものにすることもできます。それがM&Aです。

教授が言いました。「新聞やテレビで**M&A**という言葉を聞きますね。会社同士の関係は親子会社や横並びの提携だけではありません。お金で自社にないものを持っている会社そのものを買ってしまうことすらできるのです。M&AとはMerger and Acquisitionの略で、日本語に訳すと「合併と買収」となります。ソフトバンクなどは銀行からの借入などによって多数の会社を買収して事業を拡大しています」

M＆Aの目的

生産（川上産業）

いちご農家を
買収しよう

販路

コンビニやスーパー
に強い卸業者も
必要だ

大福の開発と製造しか
やってないけど、もっと
会社を大きくするぞ

販売（川下産業）

販売店をまとめている
会社を買ってしまおう

30

02 企業

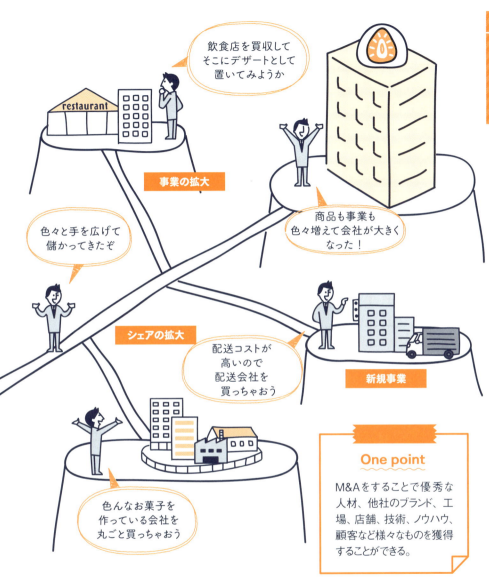

「もしあなたが、いちご大福の開発と製造だけをやっている会社の社長だとして、他社を買収して会社を大きくするにはどうすればよいでしょうか。たとえば、いちご農家と自社の商品を売ってくれるお店を買収し、いちご大福に関わるすべてを自社で賄えるようにする方法もあります。また、販路やシェアの拡大のため、販売力のある会社を丸ごと買ってしまえば会社は大きくなっていくかもしれません」

KEY WORD → 事業承継・TOB・LBO

企業
06

M&Aのやり方にも種類があるの？

M&Aと一口に言っても、様々な方法があります。相手の会社の株を買う以外にどのような方法があるのでしょうか。

教授は「先ほどのいちご大福会社の例では、"相手の会社を買う"というざっくりした説明でしたが、現実には様々な方法があります。中小企業などの高齢になった経営者は、後継者を探します。多くの場合、自分の子供を社長にしたりしますが、最近は別の会社に買収してもらって子会社になったりなど、その会社のひとつの事業部になったりします。これらを**事業承継**と言います」と説明します。

事業承継と合併

32

TOB・LBO・株式交換

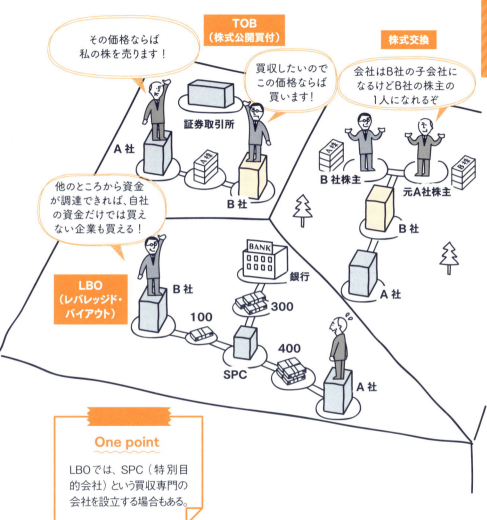

One point
LBOでは、SPC（特別目的会社）という買収専門の会社を設立する場合もある。

「他にも、買収する会社の株と自社の株を交換することで子会社化する**株式交換**という方法もあります。また、ある会社の株式を買うために、その買い付け内容を公開して取引所を通さずに不特定多数の株主から買い付ける**TOB**（株式公開買付）や、自己資金だけではなく、買収先の資産などを見合いとした借り入れなどで買収資金を調達して買収を行う**LBO**（レバレッジド・バイアウト）などがあります」

KEY WORD → 垂直統合・水平統合・水平分業

企業
07

M&Aや業務提携にも方向性があるの？

M&Aや業務提携において、目的や種類は重要ですが、方向性の違いも重要です。

教授が説明を続けます。「M&Aや業務提携は、自社の事業領域を広げるために行いますが、実はこれにも方向性があります。ひとつは、いちご大福の企業が、原材料の調達から販売までのすべてを自社で賄うような方向性です。このような方向性を**垂直統合**と言います」。近年の垂直統合の有名な例としては、アパレルブランドのZARAやユニクロがあります。

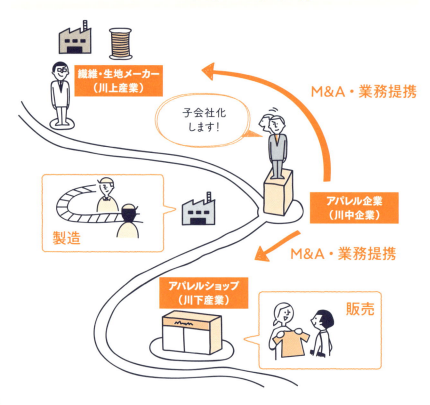

アパレル業界の垂直統合

34

「もうひとつは、水平方向に仲間を増やす、**水平統合**です。これは同じ事業領域を持つ他社と組み、新たな市場や顧客の獲得を目指します。また、似た方向性に**水平分業**というものもあります。水平統合との違いは、自社は強みを活かせる分野だけに業務を集中し、他は他社に任せるという点です。極端な例では、受注とカスタマーサポートだけを行う、Dellのような工場を持たないメーカーも出現しています」

水平統合と水平分業

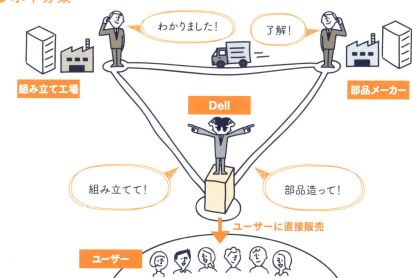

KEY WORD → ベンチャー企業・ユニコーン企業

企業
08

ベンチャー企業が上場するってどういうこと？

設立間もない若い企業の中には、飛躍的な成長を遂げ続け、最終的に上場する企業もあります。

教授は続けます。「さて、今度は"メルカリ"の話をしましょう」。誰でも出品できて、出品されたモノを買えるアプリ"メルカリ"は、ケイ子さんも使っていました。「メルカリのような、新しい事業を起こす若い企業を**ベンチャー企業**と言います。ベンチャー企業は、大企業に比べて小回りが利くので、独創的なアイデアを発揮したり大企業の手の届かないニーズに応えることで急成長し、将来は上場する企業もあります」

大企業とベンチャー企業の違い

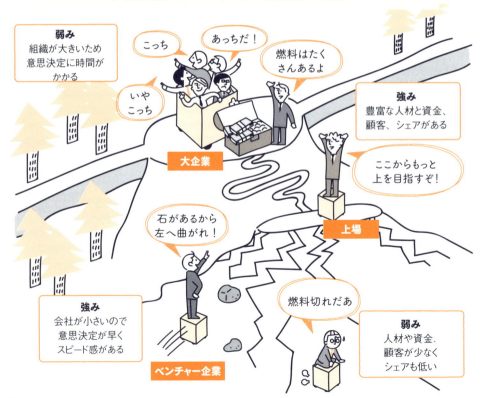

36

「上場すると、多くの人たちからお金を募れますが、上場には様々な条件があります。会社の規模や収益、株主数について証券取引所から審査されます。最近では大企業が有望なベンチャー企業を支援し、それをもとに成長するベンチャー企業もあります。このような売り上げが大きい上場前の有望ベンチャーで、企業としての評価額が10億ドル以上の会社を**ユニコーン企業**と言います」

ユニコーン企業とは？

この中にユニコーン企業があるかも……
有望な企業に投資して育てよう

大企業

ベンチャー企業群

One point

ユニコーン企業とは、企業としての評価額が10億ドル以上の未上場企業。このような企業は少ないため、架空の生物、ユニコーンから名づけられた。

KEY WORD → CSR・CSV

企業
09

企業と社会の関係も昔とは変わっているの？

企業は社会への影響も考慮に入れて活動をしますが、現代では企業と社会の関係も昔とは変わってきています。

「最後に、企業と社会の関係について説明して終わりましょう」と教授がまとめに入りました。「企業は社会貢献も考えなければなりません。それは、**CSR**（Corporate Social Responsibility）と呼ばれます。企業が自社の利益を追求するだけでなく、社会の一員として、社会が永続的に発展していくために貢献する存在でなければならないのです。そしてあらゆる利害関係者に説明する責任があるのです」

CSRとは？

フェアトレード

企業が存続するためには
社会的な貢献が必要なんだね

「現代では、社会貢献になるばかりか、企業の収益も上げ、イメージアップにもなる**CSV**（Creating Shared Value）と呼ばれる活動が注目されています。飲料メーカーのネスレは、カカオ農家へのサポートを通して、生産を強化し収益を上げるネスレカカオプランという活動を行っています。貧しい農村のインフラや農家の生活を支えることになるばかりか、ネスレのイメージアップと収益増にもつながる活動なのです」

CSVとは？

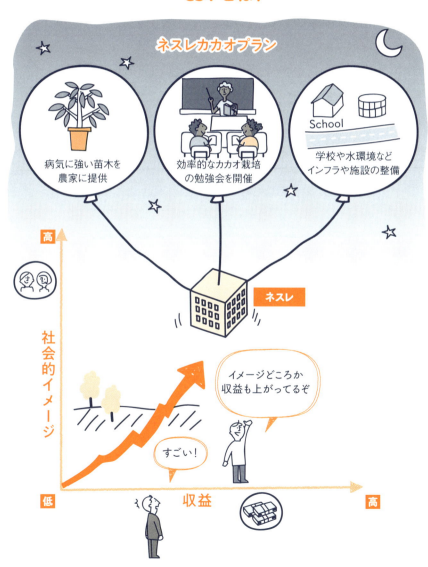

column No. 02

NPOって
どういう団体なの？

　事業活動をするのは、株式会社だけではありません。様々な団体があり、NPOもそのひとつです。NPOとはNonprofit Organizationの頭文字を取ったもので、日本語に訳すと非営利組織となります。広い意味では、学校法人や医療法人、宗教法人などもこれに含まれ、一般企業との違いは、利益を第一目的にしていないところにあります。

　しかし、利益を目的としないと言っても、活動にはお金がかかります。無給のボランティアだけとは限らず、有給の職員を雇っているところもあるのです。

　NPOの収入源は団体によって異なります。会員制にすることで、会費で活動費を賄ったり、講演会や書籍の販売によって活動費を捻出したりしているところもあります。

40

chapter 3

経営戦略のギモン①

大学の講義で経営学に興味がわいてきた
ケイ子さんは、会社経営をしている
「えい太」くんと、親戚のおじさんから
「経営戦略」について教えてもらうようです。

KEY WORD → 経営理念・3C分析

経営戦略❶
01 経営戦略ってなに？

経営学と企業の基本的なことはなんとなくわかったケイ子さん。いよいよカフェの出店計画を考え始めます。

ケイ子さんはカフェを出店しようと考えています。どのようなカフェなら儲かるでしょうか？ まずは経営戦略を練ることが大切です。戦略とは戦い方のこと。その際、重要なことは「どういうカフェにしたいか？」と、「そのお店が世の中にどういう貢献ができるのか？」を考えることです。これらを**経営理念**と言います。つまり将来の絵姿（ビジョン）と使命（ミッション）の2つを考えることです。

次に、たとえば、出店予定の地域にカフェは何店舗あるのか、ライバルになりそうなお店はどこか、自分のお店はどのような特色や強みがあるのか、を検討します。それらをリサーチし、考えることで自分のお店とそれを取り巻く環境を分析します。これを**3C分析**と言います。3Cとは「**市場・顧客（customer）**」「**競合（competitor）**」「**自社（company）**」の頭文字です。

KEY WORD → PEST分析

経営戦略❶
02 どうやって戦略を立てるの？①

カフェ開店への第一歩を踏み出したケイ子さんですが、闇雲に開店するわけにもいきません。お店に影響する世の中のことを考えます。

ケイ子さんは、お店を出すにあたって、まったくお客さんが入らないこともあるかもしれないと不安になりました。世の中の変化に合わせたお店にしなければお客さんは入りません。そこで「消費税の改正（**政治**）」「不景気（**経済**）」「働きながら子育てする世代の増加（**社会**）」「誰でも本格コーヒーが淹れられる新しいマシン（**技術**）」など、自分のお店に関わりそうな世の中の変化について考えてみます。

公園の4つの広場ではなにが起こってる？

消費税UPの影響
● 政治(Politics)広場
法律の改正、増税、政権交代などの要素

不景気だからこその高級路線？
● 経済(Economy)広場
景気や物価、失業率、平均所得などの要素

どの広場になにがあるかよく考えなくちゃ

共働き子育て世代の憩いの場
● 社会(Society)広場
人口の増減、ライフスタイルの変化、世論などの要素

誰でも本格コーヒーが淹れられるマシン
● 技術(Technology)広場
新技術の開発、ITの活用などの要素

44

4つの要素を2つの軸でMAPに配置

03 経営戦略①

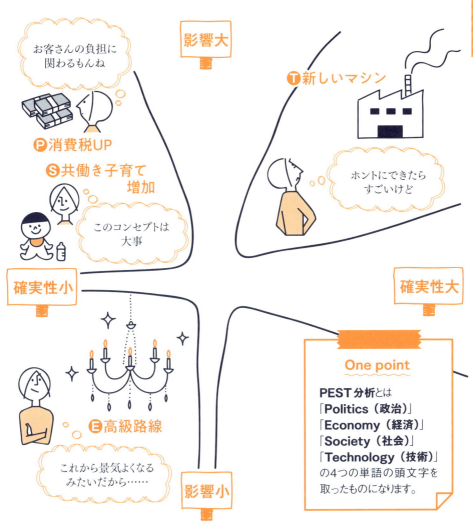

このような分析は経営学では「**PEST分析**」と呼ばれます。この4点について考え、世の中の流行や需要、変化を知ることで自分のお店と世の中のズレを少なくします。また、この4つを考えるとき、カフェへの影響度の大小と、それが確実に起こるかどうかの2つの軸で改めて考え直します。たとえば、ケイ子さんのカフェにとって、消費税の改正は確実性大で開店のタイミングにも大きく関わるので図の左上になります。

KEY WORD → SWOT分析・クロスSWOT分析

経営戦略❶

03 どうやって戦略を立てるの？②

世の中の変化について考えたケイ子さんは、今度は成功しているお店を参考に自分が作るお店の強みと弱みについて考えるようです。

ケイ子さんは有名なカフェはどうやって大きくなったのか気になり、スターバックスがどうやってここまで店舗数を増やしたのか調べました。その秘密は、自分たちのお店の強さと弱さについて考えることにありました。さらに、世の中の状況をチャンスになりうるもの（機会）と、ピンチになりうるもの（脅威）に分けてもう一度考えます。こうした考え方は頭文字を取って**SWOT分析**と呼ばれます。

スターバックスのSWOT分析

4つの部屋にはなにが入っているかな？

46

クロスSWOT分析

それぞれの部屋の要素をかけ合わせて新しい部屋を作ろう

03 経営戦略❶

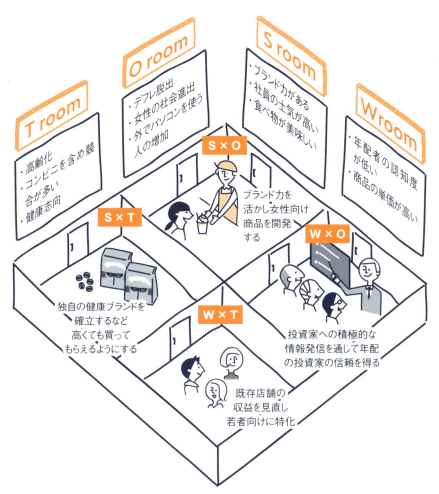

 それぞれの部屋になにが入っているかわかっただけではなんにもなりません。各部屋から要素を持ってきて新しい部屋を作り、そこで具体的な案にすることで初めて戦略になります。たとえば、「S×O room」では、チャンスになる状況で、自分たちの強みを最大限に活かすための案が練られています。女性の社会進出が進み、お財布に余裕のある人が増えた状況では、女性向け商品の開発や、食事のメニューを充実させることでお客さん1人が使う単価を上げるという方針が出てきました。

KEY WORD → VRIO分析

経営戦略❶ 04
どうやって戦略を立てるの？③

自分の会社の強みがはっきりしても、それは価値のあるものと他の会社に真似されないでしょうか？ そのあたりも考えてみることにしました。

ケイ子さんが新聞を見ていると「トヨタの強さの秘密に迫る」という記事が出ていました。記事によると、トヨタは自社の強みを徹底的に考え抜いているようでした。自社の技術や製品、サービスなどに価値があるか？ その技術は真似されるか？などについて考えます。これもそれぞれの頭文字を取って**VRIO分析**と呼ばれ、会社の技術などがどのくらい価値があり有効に使われているかを考えることになります。

トヨタ工場のVRIO分析すごろく
4つの質問に答えよう

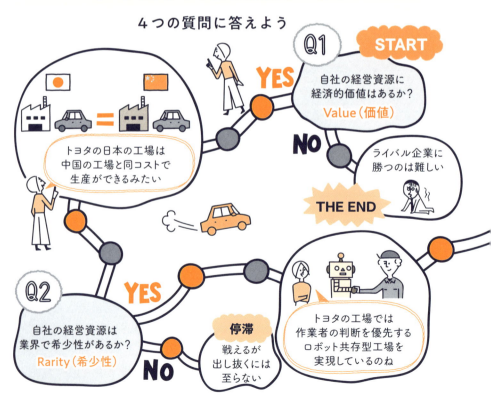

48

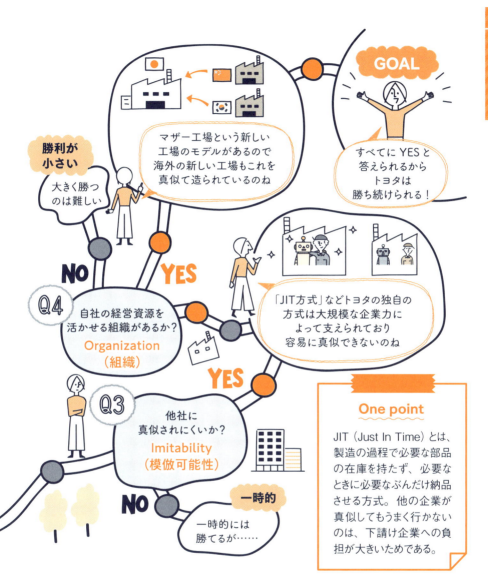

トヨタの日本工場は、海外の自社工場と生産コストが同じで、その点で経済的に価値があります。そして、作業者の判断を優先するロボット技術は、大規模な企業力に支えられたもので他社が簡単に真似できるものではありません。さらにその技術を海外の工場でも使えるようにするマザー工場制など組織力もあります。ケイ子さんのカフェも大きくなっていくときに、このような分析が参考になってくるでしょう。

KEY WORD → 事業ドメイン

経営戦略❶ 05
どういう事業を起こすか どう決めるの？①

世の中の企業のことについて調べたケイ子さんの次の段階は、事業の範囲を定めることです。事業の範囲とはなんでしょうか。

ケイ子さんは、会社を経営している友達のえい太くんに相談に行きました。えい太くんは「まず事業の範囲を決めよう」と言いました。事業の範囲とは「どの分野で戦うのか？」ということです。最も適切な定め方は、3つの切り口、「提供したい人（**顧客軸**）」「どうやって提供するか（**製品・技術軸**）」「なにを提供したいか（**機能軸**）」を考えるとよいとのアドバイス。事業の範囲のことを**事業ドメイン**と言います。

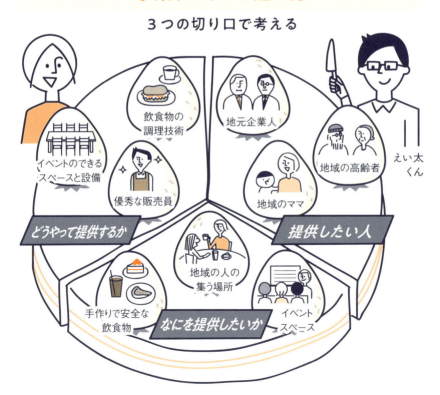

事業ドメインの定め方 ― 3つの切り口で考える

50

事業ドメインの明確化

3つの切り口を組み合わせて考える

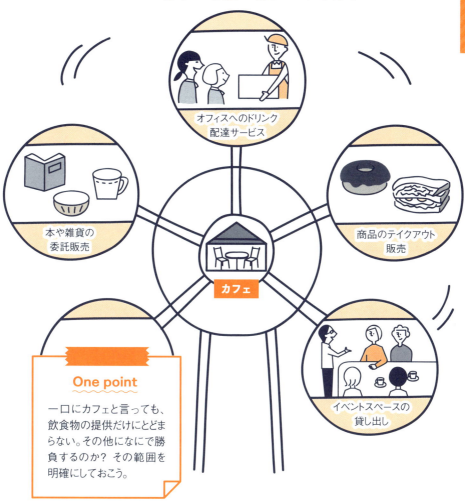

One point

一口にカフェと言っても、飲食物の提供だけにとどまらない。その他になにで勝負するのか？ その範囲を明確にしておこう。

えい太くんと一緒に3つの切り口から事業の範囲を考えたケイ子さんは、実際にその中でどれが収益化できそうかを考えます。その結果、本業の飲食物の提供以外に、オフィスへのドリンク配達サービス、商品のテイクアウト販売、イベントスペースの貸し出し、本や雑貨の委託販売という道が見えてきました。事業の範囲を明確にする前より、事業の輪郭がはっきりしました。

KEY WORD → コア・コンピタンス

経営戦略❶

06 どういう事業を起こすか どう決めるの？②

会社の中には圧倒的な強みを持った会社があります。圧倒的な強みとはどんなものでしょう。

SWOT分析やVRIO分析で「会社の強み」についての話が出てきました。会社の強みをコンピタンスと言いますが、成功している会社は強みの中でも「圧倒的な強み―**コア・コンピタンス**」を持っているのです。たとえば、SONYの製品の小型化がこれに当たります。強みがコア・コンピタンスかどうかは、移転可能性、耐久性、代替可能性、希少性、模倣可能性の5つの観点から考えます。

コア・コンピタンスの条件とは？

● 耐久性
時代が変わっても記録メディアをより小さくして対応

● 移転可能性
ウォークマン、デジカメ、PSPなど様々な分野に展開

● 代替可能性
「携帯できるAV機器」という価値は代えがきかない

● 希少性
● 模倣可能性
他社が容易に真似のできない技術

コア・コンピタンスの陥りやすい失敗

One point

なにがコア・コンピタンスかは時代によって変わっていく。小型化が当たり前になった時代でそこに固執するのは得策ではない。

しかし、時代が進み他社も小型化の技術を獲得してしまいました。もはや強みとは言えなくなってしまったのです。コア・コンピタンスには、時代が変わっているのにそれに対応せず、いつまでも固執してしまう危険性もあります。そのようなことにならないよう、第2第3のコア・コンピタンスを見つけるため、企業は常に自社の強みはなにか検証していかなければならないのです。

KEY WORD → 多角化・シナジー効果

経営戦略❶
07
色んな分野の事業に
手を出すのがいいの？

ケイ子さんは、自動車メーカーに勤めるおじさんにも相談に行きました。おじさんの会社は自動車の製造以外にも色々な事業をやっています。

ケイ子さんのおじさんの会社は大手の自動車メーカーですが、自動車を製造しているだけではありません。自動車を造る過程で得た、技術やノウハウ、人材を活かして、バイクの製造やジェットエンジンの製作などを行っています。このように、本業である自動車製造とは別の事業へ進出していくことを**多角化**と言い、4つの方向性があります。

多角化の4つの型

● **水平型**
今と同じタイプのお客さんに
類似の製品を提供する

バイクの製造など

おじさん

水平型も垂直型も
本業からの展開だから
安定しやすいけれど
大きく成長するのは
難しい

外注していた部品の内製化など

● **垂直型**
製品の流通過程の始めから終わりまでの中で、他社に頼んでいた工程から自社の事業として展開できるところを造り出す

54

4つの方向性とは、まず今までのお客さんにバイクを売るような水平型。車の製造から販売までの過程の中で、外注に頼っていた部分を自社で賄う垂直型。エンジン製作のノウハウを活かしジェット機のエンジンを造るような集中型。そして自動車とまったく関係ないホテル事業を起こすような集成型です。多角化は、複数事業が**シナジー効果**を起こし企業が成長するためのものですが、人もお金もかかります。

KEY WORD → PPM

経営戦略❶
08
色んな事業をやっていたら お金がなくならないの？

事業を多展開することがよいのはわかりましたが、資金や人材などには限りがあります。どの事業を展開するか、どう決めるのでしょう。

どの事業を伸ばすかについては、事業の評価をする必要があります。事業を学校のクラスにたとえると、テストの点数の高低と伸び率で、生徒は4グループに分かれます。低い点数から高得点を取った子（花形）、もともと高得点で伸び率が低い子（金のなる木）、点数が低いが成長しそうな子（問題児）、点数が低く成長しなさそうな子（負け犬）です。

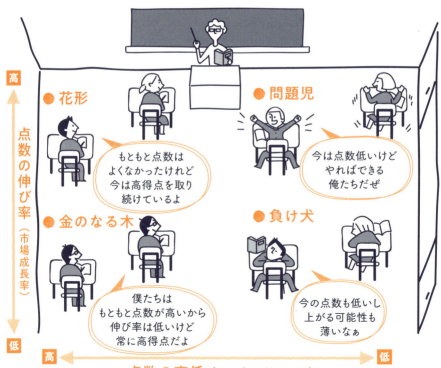

PPM教室内の4グループ

*PPMはボストン・コンサルティンググループ提唱のフレームワーク。

このような評価方式を **PPM**（プロダクト・ポートフォリオ・マネジメント）と呼びます。ある電機メーカーＡに当てはめて見てみましょう。「点数の高低」はマーケットシェア——どれだけ売れているかになり、「点数の伸び率」は市場成長率——売れそうな分野であるかということになります。たとえば4Kテレビは今後もまだ伸びそうで、製品も非常に売れているので、「花形」となります。この分類をもとに、各事業や製品に対し、資金の注入や人員配置、事業の撤退などの判断をしていきます。

KEY WORD → 製品−市場マトリックス

経営戦略❶
09 もっと事業を拡大する方法はないの？

事業の拡大は多角化だけが道ではありません。既存の事業を伸ばす道などと比較して選びます。

ケイ子さんは多角化について学びましたが、それ以外の道はないのでしょうか？ ケイ子さんのおじさんいわく、多角化は事業を大きくする方法のひとつでしかないそうです。市場の新旧と製品の新旧の2つの軸を組み合わせ、事業の成長の方向性を考え、どの事業をどのように拡大させるかを考えます。これは、アンゾフという経営学者が考案したもので、アンゾフの**製品−市場マトリックス**と呼ばれます。

事業を大きくするためには4つのエリアがあります。今までのお客さんに製品をさらに買ってもらう市場浸透エリア、新しいお客さんに今ある製品を買ってもらう新市場開拓エリア、新製品を今までのお客さんに提案する新製品開発エリア、そしてまったく新しいお客さんにまったく新しい製品を提案する多角化エリアになります。各エリアで様々な方向性を検討して、どのエリアにどれだけ力を入れるかを考えていきます。なお多角化エリアは難易度が高いと言われています。

03 経営戦略❶

とある自動車メーカーの製品-市場マトリックス

KEY WORD → ブルー・オーシャン

経営戦略❶ 10 ブルー・オーシャンってなに？

新しい事業はライバルが少ない分野で起こすのがよいのですが、まったくライバルのいない分野を作り出すという手もあります。

ケイ子さんはここ最近耳にする「**ブルー・オーシャン**」という言葉の意味をおじさんに聞きました。おじさんは「競争の激しい血みどろの海ではなく真っ青な海のように、ライバルがまったくいない事業分野のことだよ」と答えてくれました。「だけど、そんな分野あるのかしら？」とケイ子さんが言うと、おじさんは「それを見つけ出すために、今あるビジネスに4つのアクションを加えて考えるんだ」と言いました。

ブルー・オーシャンを見つける4アクション

レッド・オーシャン すでにライバルが多い競争の激しい分野

ライバルが多くて大変だ！

ブルー・オーシャンを見つけるアクションは4つ！

ブルー・オーシャン まだまったくライバルがいない手付かずの分野

One point

すでにあるビジネスになにかを
① 付け加える
② 取り除く
③ 増やす
④ 減らす

QBハウスの例

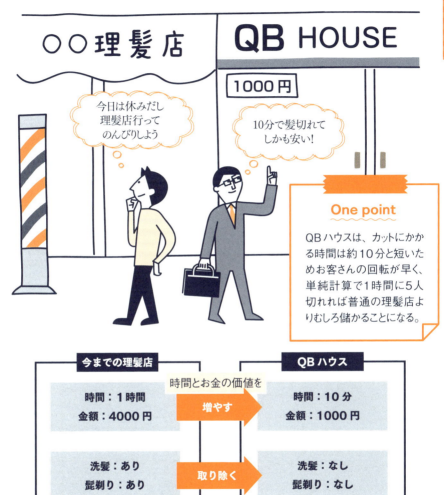

ブルー・オーシャンの有名な例は1000円カットのQBハウスです。それまでの理髪店は、休日に時間をかけて髪を切ってもらうところでした。しかし、QBハウスは「多忙なビジネスマンが、平日の空いた時間に安く早く手軽に髪を切りたい」という新しいニーズを見つけ出しました。これは4つのアクションで言うと「増やす」と「取り除く」の2つのアクションを使って見つけ出された形になります。

column No. 03

様々なフレームワークを使いこなそう

　3C分析（p42）、PEST分析（p44）、SWOT分析（p46）など色々な分析方法が出てきましたが、これらは、情報整理のための考え方の枠組みで、フレームワークとも言います。これらは、3C分析やSWOT分析は自社の現状分析、PEST分析は業界を取り巻く環境分析を目的としていたように、それぞれ整理するための切り口が違います。

　しかし、実際のどの場面でどのように使えばいいか悩むかもしれません。そんなときは複数のフレームワークを組み合わせてみましょう。

　たとえば、自社が競争地位別戦略（p74）におけるニッチャーのポジションであった場合、小さな市場で集中戦略（p70）が取れないか、というふうに考えてみるのです。

chapter 4

経営戦略のギモン②

経営戦略の基本的な考え方を学んだ
ケイ子さんですが、えい太くんの講義は
まだまだ続きます。
今回は、ライバル企業を出し抜く
様々な考え方を教えてもらうようです。

KEY WORD → ファイブフォース分析

経営戦略❷
01 勝負する業界を
どうやって決めるの？

自分の会社だけでなく「業界」のことも調査する必要があります。その業界は儲かる業界でしょうか？

えい太くんがアドバイスします。「起業する前に、勝負する業界についても調べないとね。儲かる業界と儲からない業界があるからね」。業界内のライバル企業（競合）、お客さんとの関係（買い手の交渉力）、生産者との関係（売り手の交渉力）、代替製品があるか（代替品の脅威）、新しい企業の入りやすさ（新規参入の脅威）の5つの観点で考えます。このような考え方は**ファイブフォース分析**と呼ばれます。

ファイブフォース分析とは？

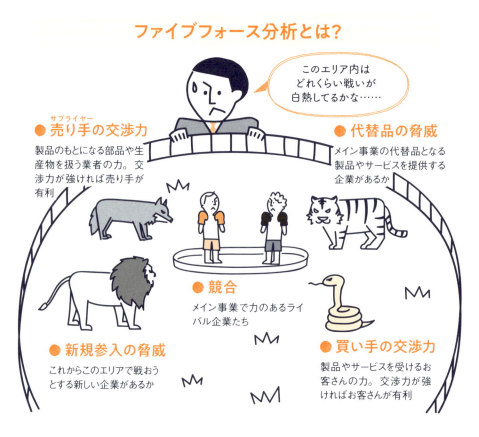

このエリア内はどれくらい戦いが白熱してるかな……

● 売り手の交渉力（サプライヤー）
製品のもとになる部品や生産物を扱う業者の力。交渉力が強ければ売り手が有利

● 代替品の脅威
メイン事業の代替品となる製品やサービスを提供する企業があるか

● 競合
メイン事業で力のあるライバル企業たち

● 新規参入の脅威
これからこのエリアで戦おうとする新しい企業があるか

● 買い手の交渉力
製品やサービスを受けるお客さんの力。交渉力が強ければお客さんが有利

64

えい太くんは続けます。「たとえば、牛丼業界で考えてみよう」。まず三大チェーンと呼ばれる強いライバルがいます。ラーメンなど同価格帯のお店とも戦わなければならず、最近では回転寿司なども牛丼を出して業界に入ってきました。そういった選択肢が数多くあるのでお客さんは選び放題です。牛丼の材料は調達しやすそうですが、ここに飛び込むのは相当厳しそうなことがわかります。

04 経営戦略②

牛丼業界の場合

KEY WORD → コスト・リーダーシップ戦略

経営戦略❷
02 他社との競争に勝つには どんな戦略を取るの？①

業界の次は他の会社に勝つ方法を考えるようです。他の会社に勝つにはどうすればいいのでしょう？

「業界が決まったら次はライバル企業を調べよう」。えい太くんが言いました。他の会社に勝つ戦略は主に3つあります。その1つ目が「**コスト・リーダーシップ戦略**」です。これは、業界の中で生産や製造にかかるお金をひたすら下げることで儲けを増やし、製品を安く大量に売ってシェアを伸ばす方法です。大量生産できることが前提なので、必然的に資金を持っている大企業が有利な戦略となります。

アパレル企業のコスト・リーダーシップ戦略

66

コスト・リーダーシップ戦略は、広告や製造にかかるコストを下げるだけではありません。アパレル企業Aは、ライバル会社Bより圧倒的に安い服を置くことで、B社をアパレル事業そのものから撤退させてしまいました。ライバルが減ったことにより、A社は、その後値上げをすれば、さらに儲かることになるでしょう。

One point

大量生産するほど1つの製品のコストが下がるのは、生産量が増えると材料費などは一緒に増えても、ある程度までは人件費や家賃などが変わらないためである。これは「規模の経済」と呼ばれる（詳細はp162参照）。

KEY WORD → 差別化戦略

経営戦略②
03
他社との競争に勝つには どんな戦略を取るの？②

ライバル企業に勝つための大きな方向性のもうひとつは、ライバルとの違いを明確に打ち出して対抗することです。

ケイ子さんは「でも同じ戦略の企業ばかりじゃないわよね」と尋ねました。えい太くんは答えます。「そう。言ってみれば大企業はクラスの優等生みたいなものだね。スポーツや勉強ができる学級委員……。でも、みんなが彼のもとに集まるわけじゃない。彼にはない魅力——たとえば面白さとか独自の魅力を持った人も人気だったよね」。このように独自の魅力を出す戦略は**差別化戦略**と呼ばれています。

差別化戦略とは

04 経営戦略②

「有名な例はモスバーガーだ。業界のリーダーであるマクドナルドに対して、モスバーガーはユニークじゃない？」。ケイ子さんは「そうね、ライスバーガーとか」と答えました。えい太くんは続けます。「その他にも生野菜を国産に限定したり、全国の店舗からアイデアを募って商品化したりしているんだ」。モスバーガーはこのような取り組みを通し、少し高いけれど健康的でユニークなイメージのブランドを作り上げました。

モスバーガーの差別化戦略

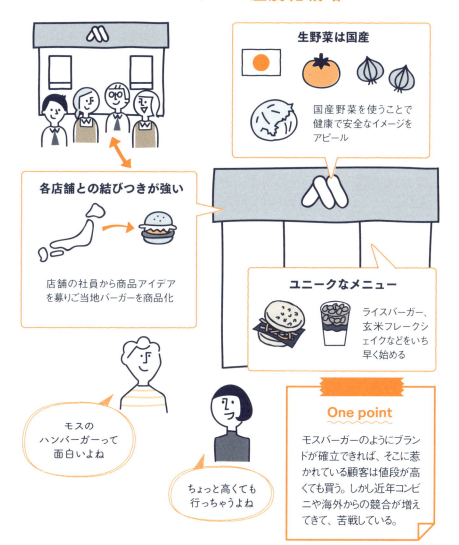

KEY WORD → 集中戦略

経営戦略❷
04

他社との競争に勝つには どんな戦略を取るの？③

今まで見た2つの戦略は、多くの人を相手にする戦略でしたが、もっとターゲットを絞った戦略もあります。

ケイ子さんは尋ねました。「その2つ以外の方法はないの？」。えい太くんは「あるよ！ それが第3の選択、**集中戦略**なんだ」と言いました。前の2つの戦略は世の中の多くの人が対象でしたが、集中戦略は、お客さんの範囲を絞ったり地域を限定したりしてコストカットか差別化をします。有名なのがファッションセンターしまむらで、20〜50代の主婦に顧客の範囲を絞り、コストカットし安く売っています。

集中戦略とは？

One point

しまむらは、発注した商品を完全買い取りすることにより、低価格での仕入れを実現。ある店舗で売れ残った商品を別の店舗に回し、売り切るなどの工夫もしている。

70

ケイ子さんはまた尋ねました。「コスト・リーダーシップ戦略と差別化はどちらか一方しかできないの?」。えい太くんは頷いて言いました。「基本的にはね。同時に目指そうとすると中途半端になってしまうんだ」。コストを抑えるコスト・リーダーシップ戦略とコストのかかる差別化は一見相反しています。しかし、トヨタのように両方を実現している企業もあり、近年では、両立は可能なのではとの見方もあります。

コスト・リーダーシップと差別化は同時にできる?

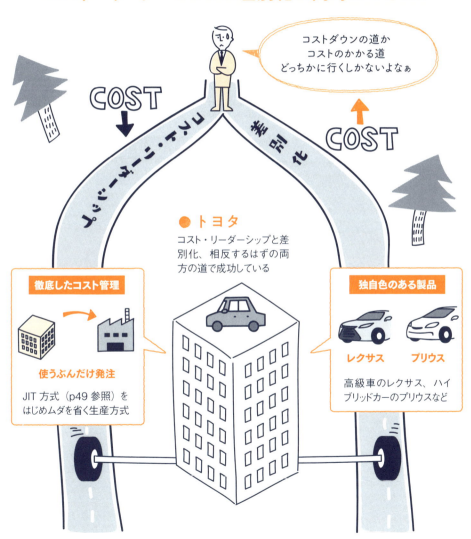

KEY WORD → バリューチェーン分析

経営戦略❷
05 他社と自社の違いを
もっと細かく見るには？①

基本戦略が決まったら、次は自分の会社の部門をもう少し細かく見ていきます。

えい太くんは「会社の強みをもっと知るには、会社の機能を詳しく見ていくんだ」と言いました。まず製造やマーケティングなど事業の中心となる主活動には、各部署が関わるリレーのような流れがあります。一方、主活動を支える人事や研究開発などの支援活動はそれぞれで完結する徒競走のようなものです。このように会社の機能ごとに分類して見ていく方法を「**バリューチェーン分析**」と呼びます。

バリューチェーン分析とは？

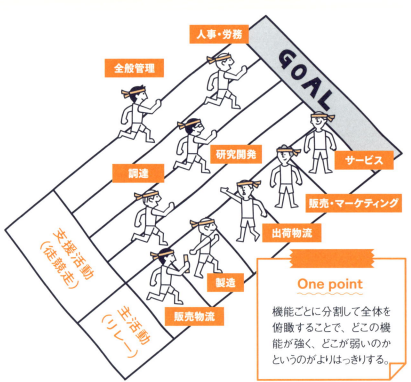

One point
機能ごとに分割して全体を俯瞰することで、どこの機能が強く、どこが弱いのかというのがよりはっきりする。

徒競走とリレー、全員の合計タイムを縮めるためには、誰が速く、誰が遅いのか、誰のタイムがもっと速くなるかということを考えると思います。会社の話に戻ると、このタイムは利益になります。つまり、会社全体の利益を上げるために、どの機能がもっと利益を上げられるかということを考えるのです。また、同じ分析を自社だけでなく、ライバルに対しても行い、強みと弱みを調べます。

04 経営戦略②

自社と他社の違いを見る

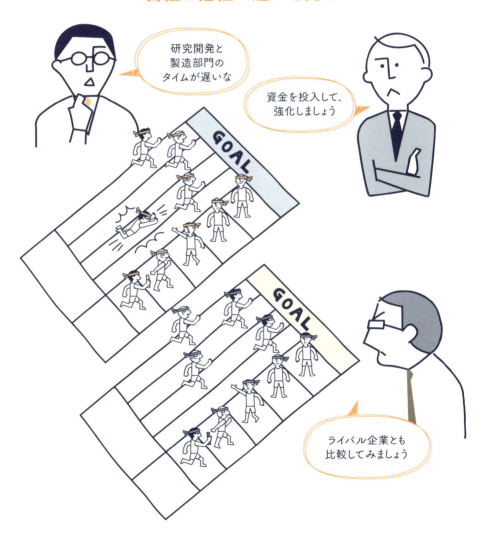

KEY WORD → 競争地位別戦略

経営戦略❷
06
他社と自社の違いを もっと細かく見るには？②

業界の中で自分の会社がどのくらいのポジションにいるのかを知ることも重要です。

えい太くんは「自分の会社が業界の中でどういうポジションにいるのかも重要だ。コトラーという経営学者は企業を4種類に分け、企業によって取るべき戦略が違うと述べた。これを**競争地位別戦略**と言うんだ」と答えました。コトラーの4分類は、シェアNo.1の「リーダー」、トップを狙うNo.2の「チャレンジャー」、No.3以下でトップを狙わない「フォロワー」、特定の市場で地位を築く「ニッチャー」です。

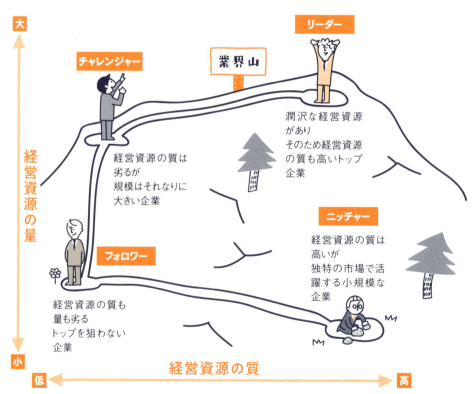

コトラーの分類による4つの企業

コトラーによると、まずリーダーの取るべき戦略は、シェアの維持と拡大です。他社の優れた製品をすぐに模倣し、さらに大規模に展開し、他社の成長に蓋をします（プラグイン）。チャレンジャーはリーダーの参入していない市場を探し戦う差別化戦略を取ります。フォロワーは、上位企業の模倣を徹底的なコストカットのもとに行い、ニッチャーは、大手の参入しない市場で築いた地位を盤石なものにします。

それぞれが取るべき戦略

One point

シェアが明確でないIT業界などでは、各企業をこの4分類に当てはめることが難しいため、近年では疑問視する向きもある。

KEY WORD → アドバンテージ・マトリックス

経営戦略❷ 07 儲かりそうな事業かどうか どうやってわかるの？

経営戦略を策定する際には、事業そのものが儲けやすいのか、あるいは儲けにくいのかを検討しましょう。

ケイ子さんは「近所の食堂は儲かっていないって言ってたけど、ファミレスはすごく儲かっているのね。なんでかな？」と言いました。えい太くんは「儲かる事業と儲からない事業があるからね」と答えました。「儲かりそうかどうかは、2つの軸で考えるんだ。"競争要因が多いか"と"競走に勝てそうかどうか"。この2つをかけ合わせた考え方が、**アドバンテージ・マトリックス**なんだ」と言いました。

アドバンテージ・マトリックスとは

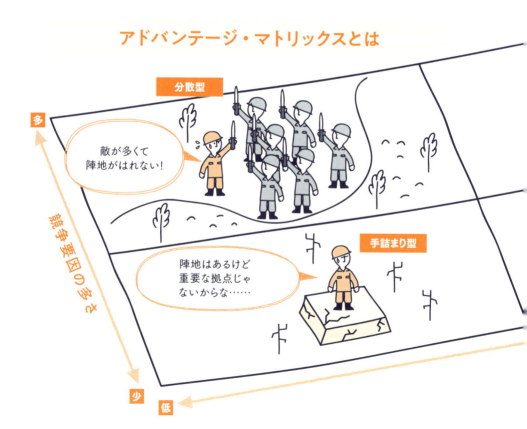

具体的な事業としては、まず収益性が高く差別化できる特化型は、医薬品や計測機器などです。収益性は低いが事業規模で差別化できるのが規模型で、自動車や製鉄などです。収益性は高いが差別化は難しい分散型は飲食やアパレルなどです。最後が収益性も低く、差別化も難しい手詰まり型でセメントや石油化学などです。したがって分散型と手詰まり型は儲からない事業となります。

KEY WORD → シナリオ・プランニング™

経営戦略❷
08
シミュレーションも実際にしてみよう！

実際に事業を起こしたときに、どんな問題が起こり、どのように対処するかをシミュレーションしてみるのも重要です。

えい太くんは「さて、事業を起こす前に経営戦略を色々と考えてきたけど、次は実際に起こしたらどうなるかについて、もう少し具体的に考えてみよう」と言いました。まず、事業を起こしたときに起こりうる要因をできるだけたくさん考えます。その中で自分たちの事業に最も影響が大きそうな要素を2つ選びます。たとえば、自動車業界では「円高」と「人口の増減」は影響が大きそうだなと考えてみましょう。

シナリオ・プランニング™とは

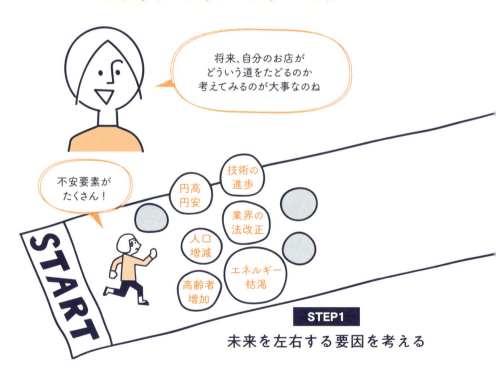

STEP1
未来を左右する要因を考える

＊シナリオ・プランニング™は株式会社 グリーンフィールド コンサルティングの登録商標です。

次に「円高・円安」と「人口の増減」をかけ合わせ、それぞれのシナリオを描いてみます。たとえば、「円高」×「人口減」では、輸出部門の収益が落ち込むだけでなく、人口が減ることによりお客さんも減る、という最悪の未来が考えられます。そのうえで、4つのシナリオで将来の課題に対する対策を考えます。これを**シナリオ・プランニング ™** と言います。

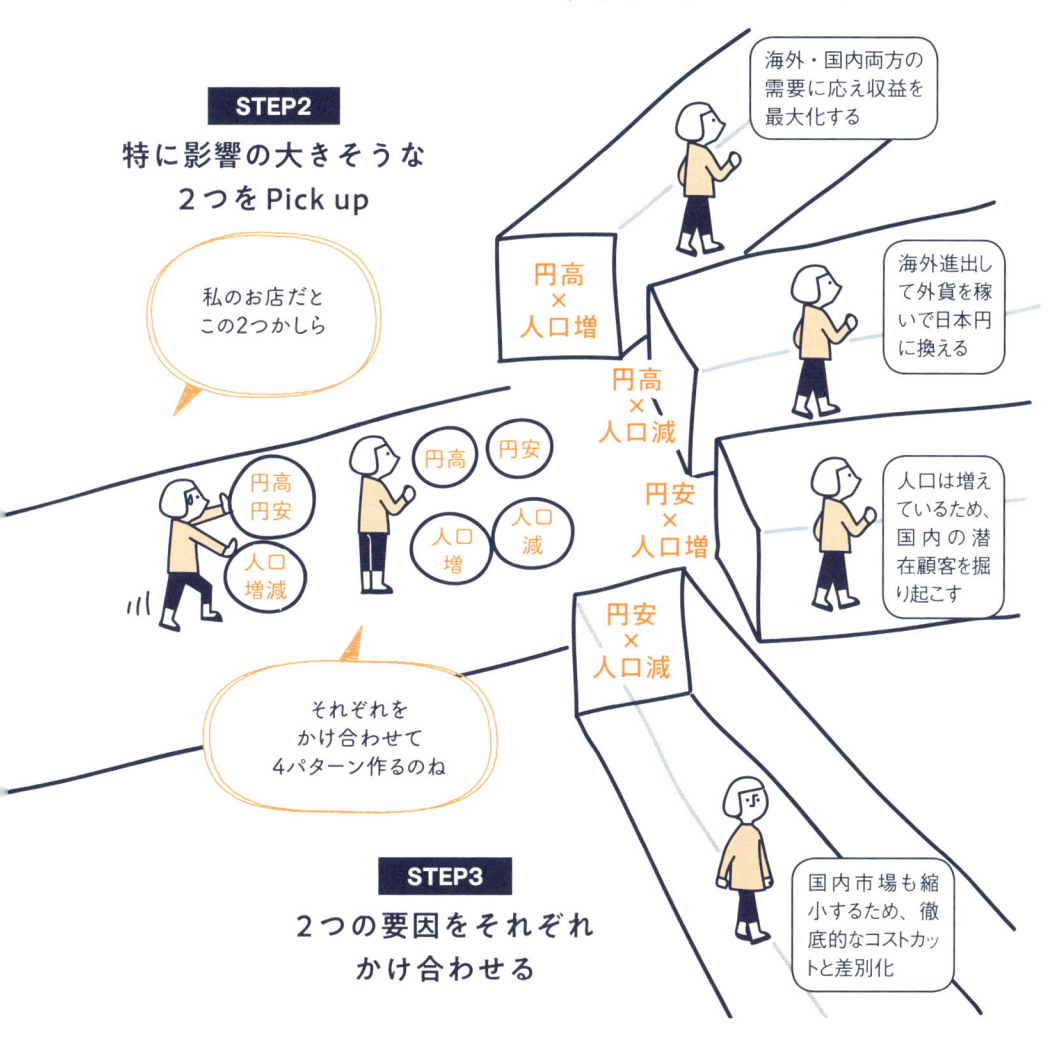

STEP4

かけ合せた 4 本の道で
どうなるかシミュレーション

海外・国内両方の需要に応え収益を最大化する

STEP2

特に影響の大きそうな
2 つを Pick up

私のお店だとこの2つかしら

円高×人口増

円高×人口減

円安×人口増

海外進出して外貨を稼いで日本円に換える

人口は増えているため、国内の潜在顧客を掘り起こす

円高円安 人口増減

円高 円安 人口増 人口減

それぞれをかけ合わせて4パターン作るのね

円安×人口減

STEP3

2 つの要因をそれぞれ
かけ合わせる

国内市場も縮小するため、徹底的なコストカットと差別化

KEY WORD → PDCA・BSC

経営戦略❷
09
戦略がうまくいっているか どうやって確認するの？

取るべき戦略が決まり実行に移したら、さらに実際にうまく行っているかどうかの確認と改善も必要です。

えい太くんは続けます。「戦略を決めてもそれがうまく行ってなきゃ意味がないよね。**PDCA**って聞いたことがあるかな？ 常に改善していく必要があるんだ」PDCAとは Plan（計画）、Do（実行）、Check（評価）、Act（改善）の頭文字を取ったもので、戦略が成功しているかどうか調べるサイクルのことです。この4つを循環させるサイクルは、経営戦略だけでなく、個人の仕事そのものに対しても使えます。

予算管理のPDCAの例

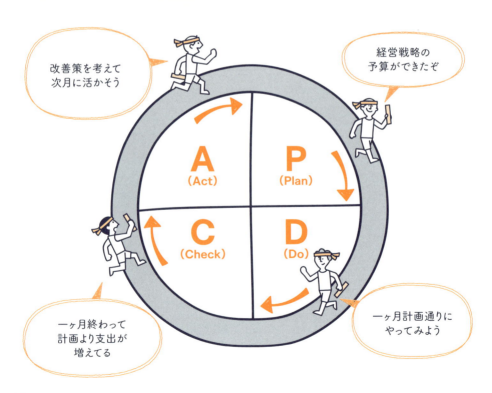

BSCの考え方

「さらに、実行と評価をするときには別の方法も使う。それが **BSC**（バランス・スコアカード）だ」と、えい太くんは続けました。BSCとは経営戦略を4つの観点からチェックする考え方です。財務、学習・成長、業務プロセス、顧客の4つの視点を取り入れることで、収益だけにとらわれない挑戦的な社風と社員参加型の経営が可能になります。

KEY WORD → プラットフォーム戦略®

経営戦略❷

10

楽天とか Google の経営戦略ってなに？

世界の時価総額の TOP 5企業がすべて採用している経営戦略とはなんでしょう？

ケイ子さんが尋ねました。「経営戦略の理論を色々と見てきたけど、実際の企業の例も教えてもらっていい？」えい太くんは頷いて答えます。「もちろん。楽天に代表される**プラットフォーム戦略®**の話をしよう」。プラットフォーム戦略®とは、色んな会社とユーザーを仲介する「場」を作る経営戦略のことです。楽天が作った楽天市場という場は、お客さんとお店をつなげることで大きなビジネスに成長しました。

楽天市場の仕組み

お店
メリット
・出店料安い
・お客さんの多いところへ出店できる

出店料激安だし色んなお店があってお客さんも多い！

出店料安くするのでお店出してください！

楽天
メリット
・出店料
・売り上げの一部
・広告や決済の収入

お客さん
メリット
・出かける必要がない
・安く色々なモノが買える

色んなモノでにぎわっていてポイントももらえる！

One point
Microsoft、Google、Amazon、Facebook などもこの戦略で急成長してきた。

※プラットフォーム戦略®は株式会社ネットストラテジーの登録商標です。

家元制度とは

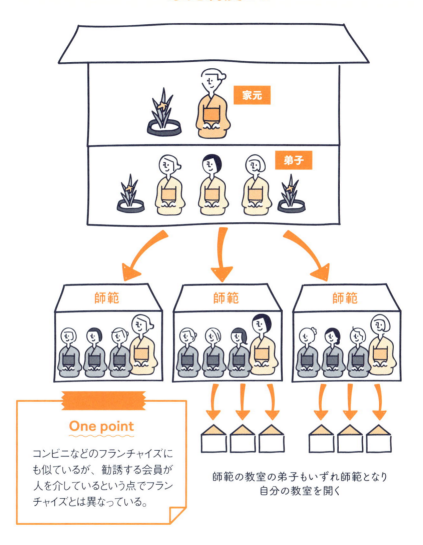

One point
コンビニなどのフランチャイズにも似ているが、勧誘する会員が人を介しているという点でフランチャイズとは異なっている。

師範の教室の弟子もいずれ師範となり自分の教室を開く

また日本古来の伝統的な習い事、お茶や華道の教室の家元制度もプラットフォーム戦略®と同じです。家元は、作法や技術を学ぶ場を弟子に提供します。そこで修行した弟子たちは、師範の免許を取り、友人・知人を勧誘し教室を開くため、そこの場に関わる人が自動的に増えていきます。新しい弟子が増えるたび、教材費や師範認定料などが家元に入るため、これもひとつのプラットフォームと言えるのです。

KEY WORD → ランチェスター戦略®

経営戦略❷
11
日本生まれの経営戦略があるって本当?

中小企業が大企業に勝つための弱者の戦略とはなんでしょう?

えい太くんが言いました。「最後に日本生まれの戦略を紹介しよう。ランチェスターというイギリス出身のエンジニアが提唱した軍事法則を、日本の経営コンサルタント田岡信夫氏が経営に応用した戦略なんだ」。ランチェスターの考案した軍事法則は「一騎打ちの法則」と「集中効果の法則」という2つの法則を基本とし、第二次世界大戦で大きな戦果をもたらしました。

ランチェスターの軍事法則

第一法則 一騎打ちの法則
2倍の戦力差があるとき戦力差は2倍

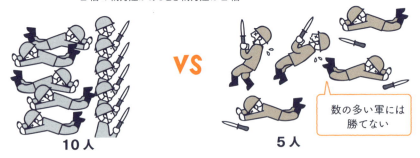

数の多い軍には勝てない

10人　　　5人

第二法則 集中効果の法則
2倍の兵力がある時、戦力差は4倍となる

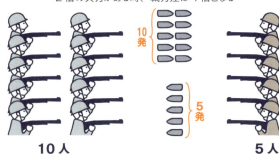

10人　　　5人

2つの法則が示すことは、兵力が少ない側は「一騎打ちの戦い」に持ち込むべきであり、兵力が多い側は「集中効果のある戦い」に持ち込むべきということである。

※ランチェスター戦略®は株式会社ランチェスターシステムズの登録商標です。

84

一騎打ちの法則の例

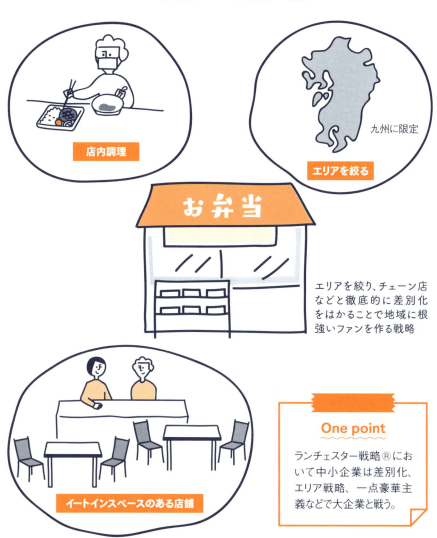

One point

ランチェスター戦略®において中小企業は差別化、エリア戦略、一点豪華主義などで大企業と戦う。

えい太くんは続けます。「これを経営戦略に適応させたのが**ランチェスター戦略®**なんだ」。すなわち、弱くて小規模な会社は分野を絞って、経営資源を集中させ、「一騎打ちの法則」に持ち込むのが最善です。限られた範囲なら、大企業にも勝る可能性はあります。逆に、大企業は「集中効果の法則」を使うべきです。広範囲に経営資源を大量に費やすことで、中小企業を圧倒するべきなのです。

column   No. 04

従来のコンサルを変えたマッキンゼー

　マッキンゼーという社名を聞いたことがあるでしょうか？ 同社は世界的な大企業をクライアントに持つ経営コンサルティングの会社です。

　19世紀に生まれたMBA。このMBAを取得した優秀な学生を大量に採用して一気に成長したのが、経営コンサルティングファームと呼ばれる企業群です。マッキンゼーはそのうちのひとつで、それまではベテラン経営者の経験を中心としたアドバイスであったコンサルティングという職業を、若く優秀なMBA取得者による、データ中心の経営分析という新しいスタイルに変えてしまいました。

　さらには、顧客の利益を最優先に考える「顧客第一主義」も、マッキンゼーがいまだにコンサル業界でトップを走り続けられる要因です。

chapter 5

マーケティングのギモン

ケイ子さんは、今度はお店を経営している
おじさんのもとへ、遊びに行きました。
おじさんは、お店の経営には欠かせない
マーケティングについて教えてくれるようです。

KEY WORD → 顧客創造・イノベーション

マーケティング 01

マーケティングってなに？

製品やサービスを売るためには、お客さんがなにを欲しているかを知る必要があります。どうやってそれを知ったらよいのでしょう。

ケイ子さんは、マーケティングを学ぼうと、お店を経営しているおじさんのところへ行きました。おじさんは「商品やサービスを作ったときに、こちらがアピールしなくてもお客さんが勝手に買ってくれるのが理想だよね。世の中に求められているものならお客さんは勝手に買ってくれる。だから世の中のニーズを調べて、お客さんを創り出すこと――難しい言葉で言うと**顧客創造**と言うんだ」と言いました。

顧客創造とは

この辺は観光客もいないからおしゃれなカフェはいらないのね……

若者が多いこの辺りではお客さんが勝手に来てくれる！

「顧客創造で大切なことは2つあって、1つが**マーケティング**、もう1つが**イノベーション**なんだ」。マーケティングは、誰がなにを求めているかを詳しく調べ、その欲求に合わせた製品やサービスを作り、販売努力をせずともお客さんが勝手に買ってしまう状況を作り出します。一方イノベーションは、今までになかったお客さんの欲求を作り出して、市場や社会に変化を与えることです。

05 マーケティング

マーケティングとイノベーション

● マーケティング

このエリアには、オフィスが多くて若い人も多い

でもカフェは全然ないからニーズはあるんじゃないかしら

● イノベーション

他店が取り扱わない豆を使用するコーヒーマニアのためのカフェ

珍しいヘビやトカゲと触れ合える爬虫類カフェ

KEY WORD → マーケティング1.0〜4.0

マーケティング 02
マーケティングをする対象って？

マーケティングの対象はお客さんですが、時代によってやり方や考え方も変わってきました。

おじさんがマーケティングの説明を続けます。「コトラーという経営学者によると、マーケティングは4段階の変化を遂げたと言われているんだ」。まず、始まりは、作ったモノをどうやって売るかという販売促進の**マーケティング1.0**。その後、モノや情報がお客さんに十分に行きわたった時代になると、お客さんが必要なモノをどうやって作るかという消費者志向の**マーケティング2.0**に変化しました。

マーケティングの4段階の変化

90

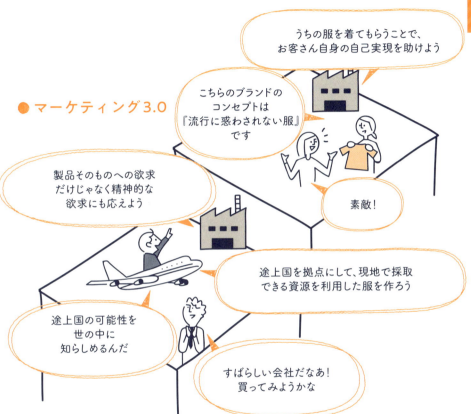

　さらに時代が進むと、機能だけなく、社会的な貢献など人々の精神的な充足を満たす価値主導の**マーケティング 3.0** が登場しました。そして、2014 年にコトラーが提唱したのが**マーケティング 4.0** です。これはお客さんの自己実現を支援したり、促進したりするような商品やサービスを開発することで、驚きの体験、感動を与えるなにかを作り提案することです。

KEY WORD → コーズ・リレーテッド・マーケティング

マーケティング 03
社会貢献を含めた マーケティングって？

マーケティングと社会の関係は密接ですが、近年注目されているのは社会貢献を組み込んだマーケティングです。

おじさんはケイ子さんに「企業と社会の関係については大学で勉強したかな？」と尋ねました。ケイ子さんは「えっと……CSRとCSV（p38～39）ね！ 授業で聞いたわ」と答えました。おじさんは「よく知っているね。CSVの考え方を組み込んだマーケティングを**コーズ・リレーテッド・マーケティング**（Cause-related Marketing：CRM）と呼ぶんだ」と答えました。

アメリカン・エキスプレス®のCRM

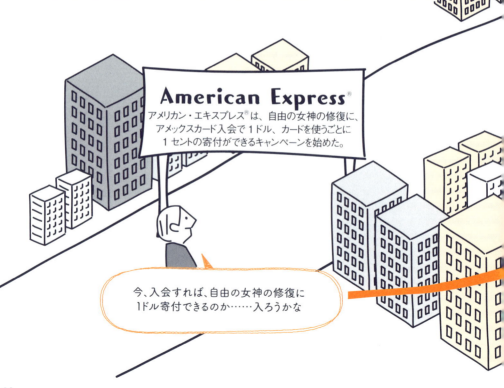

American Express®
アメリカン・エキスプレス®は、自由の女神の修復に、アメックスカード入会で1ドル、カードを使うごとに1セントの寄付ができるキャンペーンを始めた。

今、入会すれば、自由の女神の修復に1ドル寄付できるのか……入ろうかな

05 マーケティング

コーズ・リレーテッド・マーケティングとは製品やサービスの収益の一部を慈善団体に寄付するような活動で、社会貢献と売り上げ UP を同時に達成するマーケティングです。顧客は容易に寄付することによって社会的な貢献ができ、企業はそれによって売り上げや顧客を増やし、慈善団体などは寄付を受けられます。顧客・企業・社会の三者すべてに、満足する結果をもたらすものです。

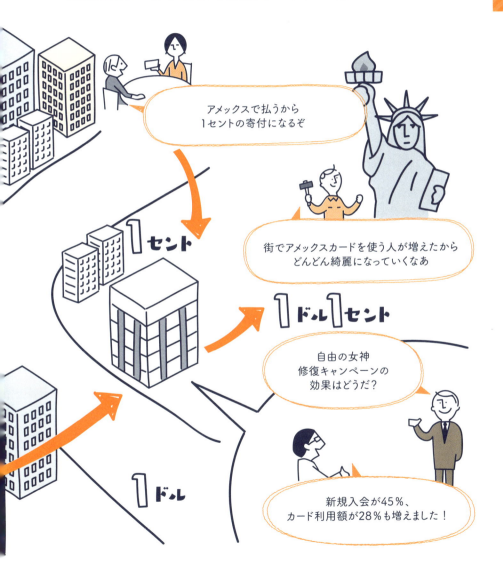

KEY WORD → マーケティング戦略・リサーチ

マーケティング
04

マーケティングってどうやって進めるの？①

マーケティングの全体像はなんとなくつかめました。しかし、実際にはなにから始めればいいのでしょう。

ケイ子さんは尋ねました。「でも、マーケティングって実際どうやって始めればいいの？」。おじさんは言います。「まず、誰に、なにを、どこで、いくらで、どのように売るのかを決める。それを**マーケティング戦略**と言うんだけど、その全体像を見てみよう」。マーケティング戦略は**リサーチ**、ターゲットの特定、マーケティング・ミックス、目標の設定と実施、モニタリング管理の5つのステップを踏みます。

マーケティング戦略の全体像

①リサーチ
業界の構造や動向、自社の内部と外部の環境の分析、立ち上げる事業の分析

②ターゲットの特定
年齢や性別など様々な切り口で顧客を切り分け、どの層にどのようなアプローチをするのか明確にする

③マーケティング・ミックス（MM）
製品、価格、流通、プロモーションを具体的に考え、最適な組み合わせを探す

④目標の設定と実施
実際の目標数値を決めて実行

⑤モニタリング管理
戦略が成功しているかチェック！いっていないなら改善する

この5つのステップをそれぞれ明確にすることが大事なのね

94

「まずはリサーチだね。経営戦略で色々な分析方法を見てきたよね。それを使って自社を取り巻く環境や立ち位置を明確にするんだ」。具体的には、PEST分析（p44）で大きな流れをつかみ、PPM（p56）やファイブフォース分析（p64）で業界の構造を確認します。3C分析（p42）、SWOT分析（p46）、バリューチェーン分析（p72）で競合他社と自社の違いを明確にします。

自社を取り巻く状況を様々な方法で分析

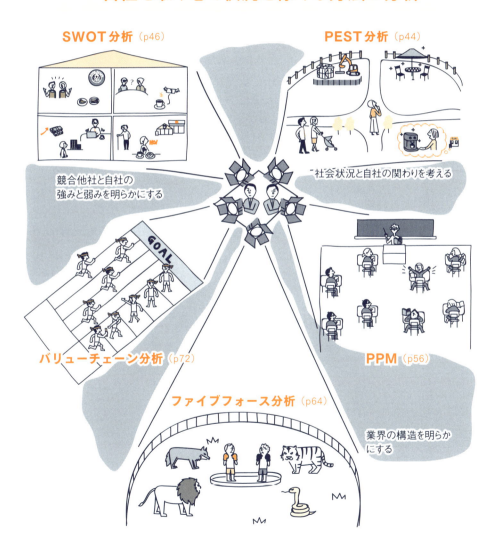

KEY WORD → STP

マーケティング 05

マーケティングってどうやって進めるの？②

リサーチが終わったら自社製品のターゲットを考えます。どのようにターゲットを絞るのでしょうか。

ケイ子さんは「次はターゲットの特定ね。どうやるのかしら？」と言いました。おじさんは「ターゲットの特定は **STP** という3ステップに分かれる。まずはセグメンテーション——顧客を様々な角度から細かく分けるんだ。次に、ターゲティング——分けた顧客の、どの層にアプローチするかを決める。最後がポジショニングで、ターゲットに、自社の製品の立ち位置を明確に伝えるんだ」と答えました。

あるアパレルブランドのSTPの例

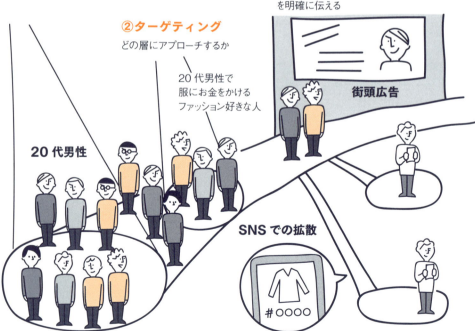

①セグメンテーション
顧客を色々な切り口で切り分ける

②ターゲティング
どの層にアプローチするか

20代男性で服にお金をかけるファッション好きな人

20代男性

③ポジショニング
ターゲットに自社製品の立ち位置を明確に伝える

街頭広告

SNSでの拡散

96

ポジショニングの際に、ターゲットのお客さんにもっと明確にライバルとの違いをわかってもらうために、ポジション・マップというのを作ります。業界を2つの軸で区分けします。この2つの軸は製品によって異なってきます。たとえば、アパレルブランドのZARAの例で言うと、機能性／ファッション性と安価／高価の2つの軸で分けた業界の地図に自社を位置づけます。

ZARAのポジション・マップ

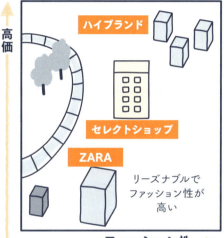
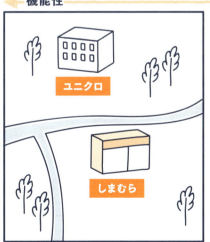

KEY WORD → 4P・MM

マーケティングってどうやって進めるの？③

ターゲットを明確にしたら、ターゲットに働きかける具体的な4つの要素を考えます。

おじさんは「ターゲットも決まったし、もっと具体的に考えてみよう。**4P**ってなにかわかるかな？」と聞きましたが、ケイ子さんは悩んでしまいました。おじさんは「4PとはProduct（製品）、Price（価格）、Place（流通）、Promotion（プロモーション）の4つのPのことで、最もターゲットに効果的なこの4つの組み合わせを考えることを**MM**（マーケティング・ミックス）と言うんだ」と教えてくれました。

アパレル業界の4Pの例

4つの歯車が噛み合うように考えてみる

注意しなければいけないのは、4Pの前に必ずSTPをしなければならないということです。なぜなら、ターゲティングやポジショニングが変わればアプローチも変わってくるからです。たとえば妊娠検査薬の顧客は、子供が「欲しい人」と「欲しくない人」に分けられますが、前者に対しては明るいパッケージにする、後者には人に知られないよう目立たないパッケージにするなど、4Pの内容もまったく変わってきます。

ターゲットが変われば4Pも変わる

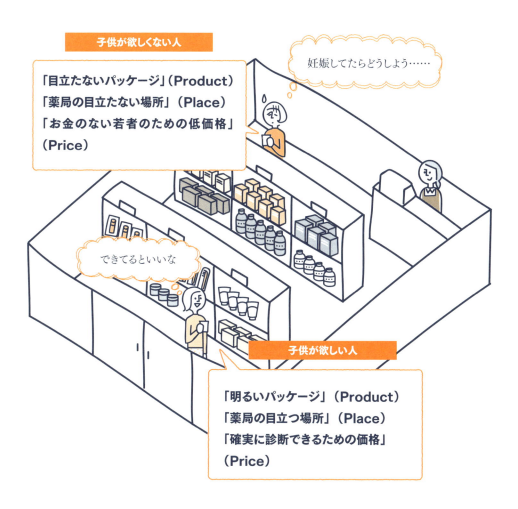

KEY WORD → CS

マーケティング
07

お客さんが製品に満足しているかどうやって知るの?

お客さんが製品にどれくらい満足しているかは、どうやって知るのでしょうか。

ケイ子さんはふと疑問に思い、尋ねました。「お客さんが製品に満足しているかどうかはどうやってわかるのかしら?」。おじさんは「いい質問だね。お客さんがどれくらい満足しているかを **CS**(顧客満足度)と言うんだけれど、これはお客さんが得るもの(ベネフィット)から失うもの(コスト)を引いたときの価値で決まっていくんだ」と答えました。

CSを上げるための5つの改善策

CS＝ベネフィット－コスト

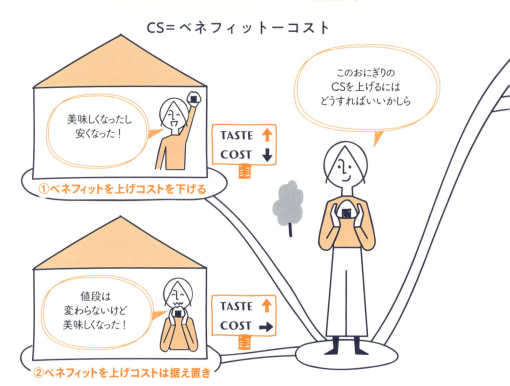

100

おじさんは「そして、その価値が低かったら、5つの改善策で価値を高めていくんだ」と続けます。たとえば、おにぎりで考えてみましょう。トータルでお客さんが満足するように、美味しさと安さをそれぞれ調整していきます。単純にするために、ベネフィットを美味しさ、コストを値段にしていますが、これは他にも様々なものに置き換えられます。

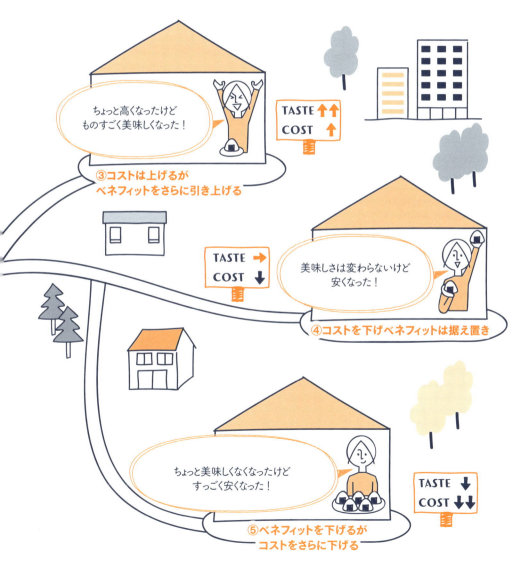

KEY WORD → BtoB・BtoC

BtoB、BtoCってなんのこと？

お客さんは個人だけではありません。企業もお客さんなのです。

ケイ子さんはまた疑問に思い、尋ねました。「今までの話で、お客さんって個人としか考えていなかったけど、会社がお客さんになることもありますよね？」。おじさんは「よく気づいたね！ 個人相手に製品を売る取引を **BtoC**（Business to Consumer）、企業相手に製品を売る取引を **BtoB**（Business to Business）と言うんだ」。お客さんが個人であるか、企業であるかというのは大きな違いなのです。

BtoBとBtoCの違い

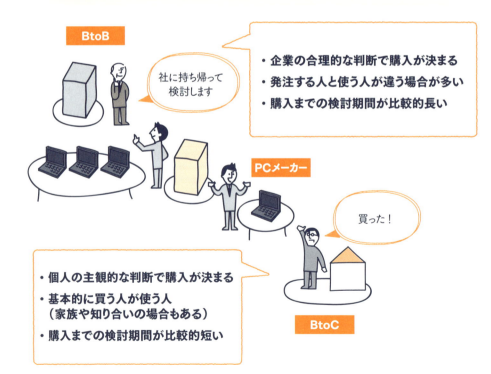

102

BtoBへのマーケティングでは、ターゲットの特定の仕方も変わってきます。個人相手の場合では、年齢や性別などで個人を区切っていましたが、企業ではこれが業種や企業規模などになります。そして、サイトにアクセスし見積もりを要求してきた企業がターゲットになります。さらに個人相手のマーケティングでは、その人に必要かどうかが重要でしたが、企業相手はその企業に必要かということになります。

05 マーケティング

※SEO対策……検索エンジンの最適化。自社の製品が検索されたとき、なるべく上に来るようにすること。

KEY WORD → 製品ライフサイクル

マーケティング 09
製品にも一生があるってどういうこと？

製品やサービスは、ずっと売れ続けていくことはなかなかありません。人の一生のように製品にも一生があります。

おじさんは言います。「製品やサービスは、ずっと売れ続けていくことは難しい。人の一生のように製品にも一生があるんだ。製品の一生には4つの時期があり、これを**製品ライフサイクル**と呼ぶんだ」。4つの時期とは、導入期、成長期、成熟期、衰退期で、それぞれの時期において取るべきマーケティング戦略は異なってきます。ゆえに、自社の製品が今どこの段階にあるのかを知るのが重要なのです。

各時期で取るべきマーケティング戦略

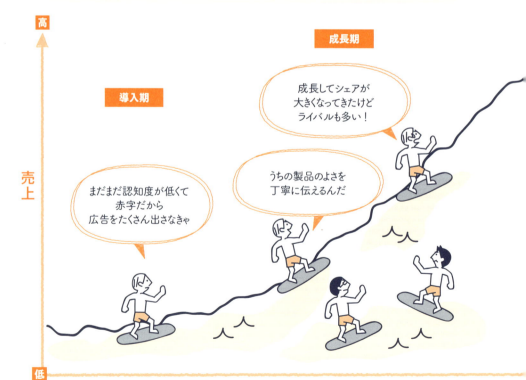

104

それぞれの時期をもう少し詳しく説明すると、導入期とは新製品が世の中に出てきたばかりの時期です。成長期には、売り上げが急速に伸び、ライバル企業も増えてきます。そして、成熟期では戦いが激化し、シェアが奪いづらくなります。最後に、代替品の登場などにより多くの企業の売り上げが下がるのが衰退期です。ただし、成熟期の後に、再び成長期に入ることもあるので、必ずこの通りになるわけではありません。

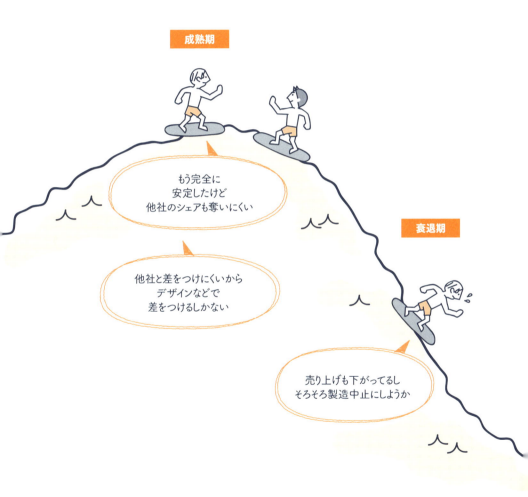

KEY WORD → ワントゥワンマーケティング

マーケティング
10

お客さんにより満足してもらうには？①

お客さんの満足度をもっと高めるにはどうすればよいのでしょう？ ひとつは個別対応という戦略です。

おじさんは「お客さんの満足度をもっと高めるためにはどうすればいいかな？」と聞きます。「それには、『個人的な対応をしてもらっている』とお客さんに思ってもらうことが、継続的な信頼関係のためには重要なんだ。これは**ワントゥワンマーケティング**（One-to-One Marketing）と呼ばれているんだ」と言います。一方で、多数をターゲットとする一律の方法はマスマーケティングと言われています。

日本古来のワントゥワンマーケティング

● 富山の薬売り

各家庭に必要な常備薬を届け、使われた薬を補充するとともに
家族の健康状態を把握し信頼を築いてきた。

「ケイ子さんはネットで買い物をするかな？」とおじさんが聞きました。ケイ子さんは「はい。ネットショッピングだとオススメ商品が表示されているから、つい色々買っちゃうんですよね」と答えました。おじさんは「うん、それはITを駆使したワントゥワンマーケティングだね。購入履歴を参考にしたオススメ商品の提案や、メールでの情報発信などがそれに当たるんだ」。と言いました。

ECサイトのワントゥワンマーケティング

個人個人に合わせた情報を提供することで顧客との信頼関係を強固なものにする

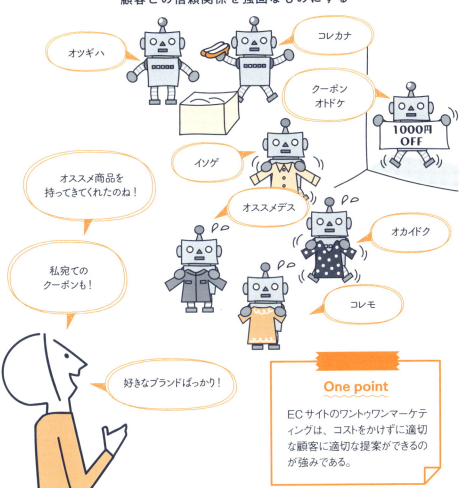

One point

ECサイトのワントゥワンマーケティングは、コストをかけずに適切な顧客に適切な提案ができるのが強みである。

KEY WORD → CRM

マーケティング 11

お客さんにより満足してもらうには？②

企業は購買データをはじめ顧客の個人データを管理し、それを様々な方法で活用しています。

ケイ子さんはふと気づきました。「私と同じようにこのサイトで買ったお客さんのデータが、企業にはあるっていうこと？」。おじさんは「その通りなんだ。サイトだけじゃなく、店舗やTV通販なんかで買ったお客さんの購買データや個人情報も全部持っていて、それを使ってお客さんにきめ細やかな対応をしているんだ。こういった活動を **CRM**（Customer Relationship Management）と呼ぶんだ」と言います。

CRMとは

顧客データを水滴とすると、データ管理の部署はダムのようなもの。
一旦そこに集められた情報は、適切なときに適切なところへ放出される。

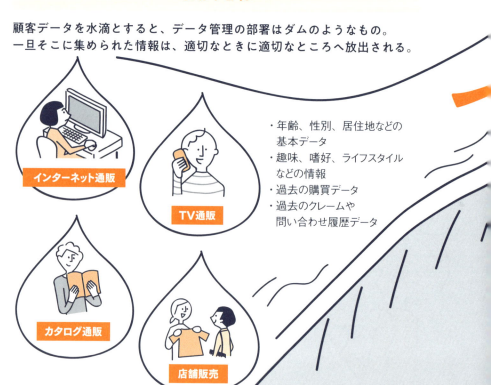

・年齢、性別、居住地などの基本データ
・趣味、嗜好、ライフスタイルなどの情報
・過去の購買データ
・過去のクレームや問い合わせ履歴データ

ECサイトや店舗などで得た顧客の販売データや個人データなどは、すべて企業のデータベースを管理する部署に集められ、そこで管理されます。そしてそこから、営業やカスタマーサポートなど実際に顧客と接する部署に送られ、そこで活用されます。顧客のデータが多いほど、個人個人に合わせた提案やきめ細やかな対応ができるので、CSは向上します。

05 マーケティング

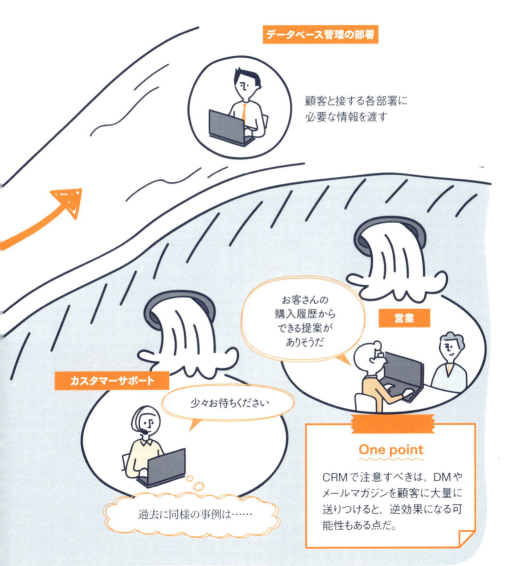

KEY WORD → パレートの法則

マーケティング 12 特定のお客さんをひいきした方が儲かるの？

自社の製品を頻繁に大量に買ってくれるお客さんを大事にすれば、売り上げを伸ばすことができます。

ケイ子さんがまた思いつきました。「頻繁にたくさん買ってくれるお客さんが、企業にとっては最高のお客さんよね？ その人たちをひいきしてあげたら売り上げは伸びるんじゃないかしら？」。おじさんは驚いて「よく思いついたね。今のケイ子さんの言葉は正しいんだ。実は２割のお客さんが売り上げの８割を担っているという考え方があって、これを**パレートの法則**と言うんだ」と説明しました。

パレートの法則

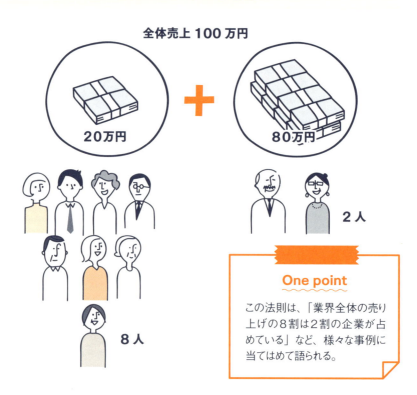

One point

この法則は、「業界全体の売り上げの８割は２割の企業が占めている」など、様々な事例に当てはめて語られる。

もちろん製品によって2割と8割といった数字上の比率は変わってきます。要するに、物事には偏りが存在するという考え方が重要なのです。こういった考え方は、CRMにおいて基本的な考え方になります。つまり、よく買ってくれて使う金額も大きい上位2割の優良顧客を優遇してあげることで、売り上げを増やすことができるので、2割のためのマーケティング・ミックスを考えたりします。

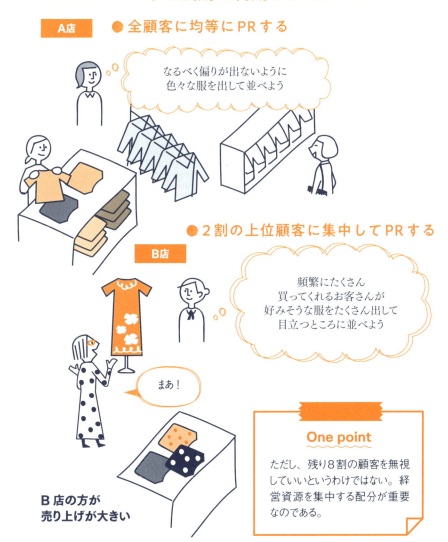

パレートの法則を利用したCRM

A店 ● 全顧客に均等にPRする

なるべく偏りが出ないように色々な服を出して並べよう

● 2割の上位顧客に集中してPRする

B店

頻繁にたくさん買ってくれるお客さんが好みそうな服をたくさん出して目立つところに並べよう

まあ！

B店の方が売り上げが大きい

One point

ただし、残り8割の顧客を無視していいというわけではない。経営資源を集中する配分が重要なのである。

KEY WORD → オムニチャネル・エンドレスアイル

最新の マーケティングって？①

マーケティング 13

インターネットが発達した近年では、新しい形のマーケティングも出てきました。

「セブン-イレブンはもちろん知っているよね？」おじさんが尋ねました。「ええ、よく行くわ」とケイ子さんは答えました。おじさんは「現代では、お客さんと製品が出会うのは店舗だけじゃなく、スマホやPC、TVやカタログ通販など様々な接点（チャネル）があるね。セブン-イレブンに代表されるネットとリアルを融合させる取り組みのことを、**オムニチャネル**と言うんだ」と言いました。

オムニチャネルとは

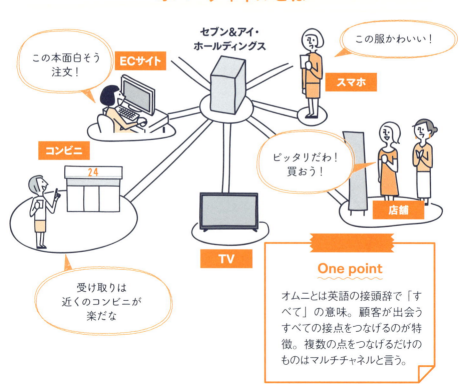

One point

オムニとは英語の接頭辞で「すべて」の意味。顧客が出会うすべての接点をつなげるのが特徴。複数の点をつなげるだけのものはマルチチャネルと言う。

「お店に行ったときに商品が在庫切れでも、お店の端末を使って通販サイトから注文できる仕組みを知っているかな？ これもオムニチャネルの一形態で**エンドレスアイル**と言うんだよ」とおじさんは続けました。エンドレスアイルは商品の販売機会を失うのを防ぐという効果だけでなく、お客さんが企業に悪印象を抱くのを防ぐ効果もあります。

エンドレスアイルとは

● 在庫切れの従来の場合

● エンドレスアイルの場合

One point

エンドレスアイルとは「終わりのない通路」の意味で、在庫切れを起こさない形態のことを表している。

KEY WORD → ショールーミング

最新の
マーケティングって？②

マーケティング 14

「店舗で見てネットで注文」という購入は多くの人が行いますが、無印良品の試みは一歩先を行っています。

「今時のお客さんは、店舗に在庫があっても、ネットでもっと安く買えるところがないか色々調べて買うんだ。店舗で実物を見て、ネットで購入するのを**ショールーミング**と言うんだけど、これにはエンドレスアイルでは対応できない」とおじさんは言います。ケイ子さんは「じゃあ、どうするの？」と聞きます。おじさんは「ネットで買うにしても自社のサイトで買ってもらうための取り組みをするんだ」と答えました。

ショールーミングとは

114

「無印良品のMUJI passportというアプリがそれに当たるんだ」とおじさんは続けました。無印良品の会員証となるMUJI passportは、店舗や自社サイトでの購入時にポイントが溜まるだけでなく、クーポンがもらえたり、商品の在庫を調べたりもできます。また、購入後に商品のレビューを書くことでポイントがもらえるなど、お客さんが自社のサイトから買うための様々な動機をアプリに持たせているのです。

05 マーケティング

MUJI passportの効果

MUJI passportのクーポンが来てたから、それ使っちゃおう！

ポイントももらえるしレビューも書けばかなり安く買えたことになるわよね！

他の安いサイトを調べるにも手間がかかるしね

One point
自社サイトに、オンラインショップの機能を持たせている企業やAmazonやメルカリ出店する企業もある。

KEY WORD → トリプルメディア

IT時代の
マーケティングって？①

現代のマーケティングにおいてインターネットは必須です。どのように使っていけばよいのでしょう。

ケイ子さんは「やっぱり今の時代インターネットでの集客は必須なのね。おじさん、もっとインターネットを使った宣伝を教えて！」と頼みました。おじさんは「教えてあげよう。現代ではお客さんに自社のことを知ってもらうメディアは、ペイドメディア、オウンドメディア、アーンドメディアの3つで、この3つを合わせて**トリプルメディア**と呼んでいるんだ」と答えました。

トリプルメディアとは

● **ペイドメディア（Paid Media）**
自社に対する認知度と関心を高める役割

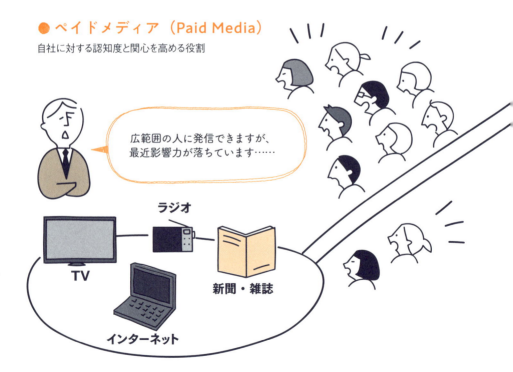

116

ペイドメディアとは、お金を払って出させてもらう従来のメディアのことです。テレビのCMや雑誌広告、屋外広告、インターネット広告がこれに当たります。オウンドメディアは、自社が持っていてコントロール可能なメディアで、自社のサイトやメールマガジン、実店舗もこれに当たります。最後のアーンドメディアは、ブログや口コミサイトやSNSで、自社ではコントロールできないのが特徴のメディアです。

05 マーケティング

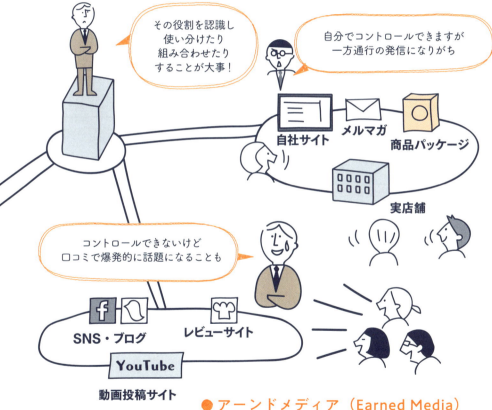

それぞれのメディアには一長一短がある

● オウンドメディア（Owned Media）
自社に対する信頼度や理解度を高める役割

その役割を認識し使い分けたり組み合わせたりすることが大事！

自分でコントロールできますが一方通行の発信になりがち

自社サイト　メルマガ　商品パッケージ　実店舗

コントロールできないけど口コミで爆発的に話題になることも

SNS・ブログ　レビューサイト　YouTube
動画投稿サイト

● アーンドメディア（Earned Media）
自社に対する好感度を上げ、共感性を高める役割

KEY WORD → リスティング広告

IT時代の
マーケティングって？②

インターネット広告では、個人の趣味嗜好に合わせた広告を表示できるのが大きな特徴です。

「Yahoo! でなにかを検索したときに広告が一緒に出てくるよね？」とおじさんが尋ねました。ケイ子さんは「そうね、私がよく検索するスイーツ関係の広告ばっかり出てくるからついクリックしちゃうのよね」と答えました。おじさんは「ああいう広告は**リスティング広告**とか検索連動型広告と呼ばれるもので、ケイ子さんの検索ワードに連動して、興味のありそうなスイーツの広告を表示しているんだ」と言いました。

リスティング広告とは

検索ワードに応じて、検索した人が興味のありそうな商品の広告を表示

「なにかのキーワードを検索するというのは、それについて興味があるということだ。そのキーワードに関連のある広告を表示すれば、クリックしてもらえる確率が高くなるよね」とおじさんは続けました。リスティング広告は、表示されただけでは費用は発生せず、クリックされた回数に応じて広告料が支払われます。また広告を表示させるためのキーワードも複数指定することができるのでターゲットを絞れます。

広告を出す企業に優しいリスティング広告

KEY WORD → ネイティブ広告

マーケティング
17

IT時代の
マーケティングって？③

いくら興味があっても、いかにも広告然としていたら無視されてしまいます。そこで生まれたのが広告っぽくない広告です。

ケイ子さんは「でも広告ってちょっとウザいのよね」と言いました。おじさんは「そう、それが広告の弱点だね。そこで考案されたのが**ネイティブ広告**だ。広告に見えない広告と呼ばれているんだけど、見ているページのコンテンツに自然に馴染むように作られているのが特徴なんだ。その広告が、見ている人にとってより有益な情報を含んでいるかどうかが重要なんだ」と言いました。

ネイティブ広告とは

●リスティング広告

スイーツは好きだけど
関係ないときに出てくると
いかにも宣伝っていう感じで
無視しちゃうわね

●ネイティブ広告

あら、これネコカフェのPR記事だわ
でもかわいいわね、今度行ってみようかな

120

「たとえば、ウェブサイトやSNSのタイムラインに出てくるPR記事なんかを想像してもらえれば、わかりやすいかもしれないね。ああいうコンテンツとコンテンツの間に挟まってくる広告はインフィード広告と呼ばれているんだ」とおじさんは言いました。インフィード広告はネイティブ広告の一種ですが、普通の広告の2倍のクリック率があると言われています。

インフィード広告とは

One point

コンテンツに馴染ませるネイティブ広告の作成には時間もお金もかかることに留意したい。なお、コンテンツと広告を区別するために「SPONSORED」「広告」「PR」「プロモーション」などと表示する必要がある。

KEY WORD → アドネットワーク

マーケティング
18

IT時代の
マーケティングって？④

昔はWeb広告を出そうと思ったら自社でサイトを探し、個別に広告掲載をお願いしていましたが、今はどうなのでしょう。

ケイ子さんはおじさんに尋ねました。「Web広告を出したいと思ったら個別にサイトに頼まないといけないの？」。おじさんは答えます。「昔はそうだったんだよ。企業や広告代理店が、商品に合ったサイトを探して個別で頼んでいたんだ。でも広告掲載料もまちまちだし、どれくらいこの広告が見られているか、クリックされているかというデータもサイトが測定したもので、信ぴょう性が薄かったんだ」

アドネットワークがなかった時代

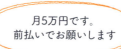

広告を出す企業（または代理店）

うちの広告を掲載してください！

月5万円です。前払いでお願いします

うちに広告を出すと効果あるって思わせたいからクリック数を多めに言おう

1日1000円でお願いします。クリック数とかわかりません

月10万円で掲載します。クリック数を教えます

1クリック100円です

● 問題点
・1つ1つのサイトに掲載をお願いする必要がある
・マッチするサイトを自分で探す必要がある
・課金形態がバラバラ
・媒体から提供されるデータの信ぴょう性が低い

おじさんは続けます。「でも今は違う。Web広告を取りまとめている会社があって、その会社に入札すれば会社のネットワークに入っている複数のサイトに広告が出せるんだ。このネットワーク方式を**アドネットワーク**と言うんだ」。アドネットワークの場合、広告主がわざわざサイトを探す必要もなく、課金形態も一律です。得られるデータも、アドネットワークの会社が測定したものなので信ぴょう性が高いものになります。

05 マーケティング

アドネットワークとは

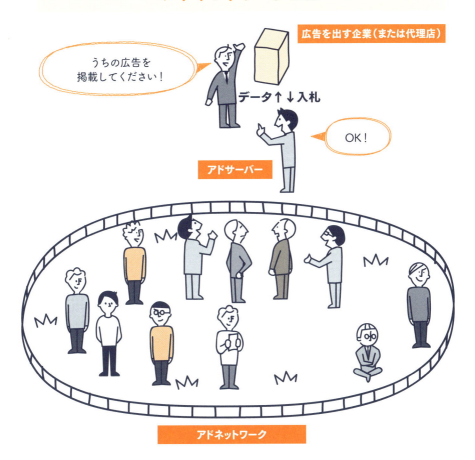

● 広告主のメリット
・入札すればアドネットワークに加盟しているサイトに配信できる
・課金形態が統一（クリック課金型など）
・データはアドネットワーク会社が測定したものなので信ぴょう性が高い

マーケティングはなぜ生まれた？

　1973年と79年の二度のオイルショックにより、世界経済は全体的に低成長時代に入ってしまいました。

　それまでの経営と言えば、いいモノを大量に生産すれば、お客さんは買ってくれるといった大量生産の考え方でした。しかし、それでは低成長時代を生き抜けないため、新しい方向性として、市場やお客さんのニーズを調べ、そこから戦略を立てるといったマーケティングの概念が広がりました。また、1960年代には、限られたパイを奪って、いかにライバル企業を出し抜くかといった競争戦略の考え方も生まれました。

　最近よく知られるようになったドラッカーや、STP（p96）、4P（p98）を提唱したコトラーは、このころに台頭し、現代のマーケティング理論の基礎を生み出しました。

P.F.Drucker

P.Kotler

chapter 6

ビジネスモデルの
ギモン

ケイ子さんは、またえい太くんのところに
遊びに行って、最近の新しいビジネスについて
話しています。どうやら今日はビジネス
モデルについて勉強するようです。

KEY WORD → ビジネスモデル

ビジネスモデルってなに？

様々な経営についての理論を学んできたケイ子さんは、今度は実際の企業のビジネスを勉強するようです。

ケイ子さんは TV を見ながら「最近、新しいビジネスがどんどん出てくるわよね。そういう面白いビジネスについても教えて？」と、えい太くんにお願いしました。えい太くんは「いいとも。最新の企業のビジネスを知ることで、ケイ子さんのカフェのヒントにもなるかもしれないしね。でも実際の企業の実例を見る前に、**ビジネスモデル**とはなにか？を考えよう」と言いました。

ビジネスモデルはどうやって考える？

● ビジョン
会社の将来の絵姿

● ミッション
具体的にどのような使命を持つのか

経営理念
誰になにを提供しどんな会社を目指すのか

経営戦略
どういう分野でどういう事業を起こしてどういう戦略で理念を実現するのか？

今まで見てきたところね

おさらいになりますが、企業はビジョンとミッションからなる経営理念をもとに経営戦略を考えます（p42〜43）。その経営戦略にもとづいた、「儲けるための仕組み」がビジネスモデルです。具体的には「誰に提供するか」、「なにを提供するか」、「どのような経営資源を活用するか」、「どうやって差別化するか」、「どうやって収益を上げるか」の5つについて示したものです。

06 ビジネスモデル

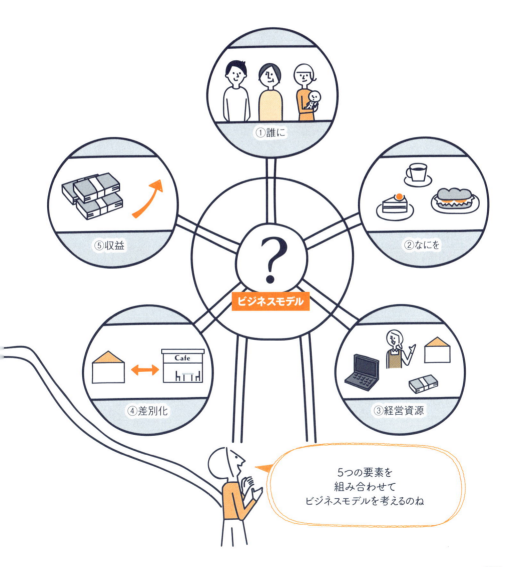

5つの要素を組み合わせてビジネスモデルを考えるのね

KEY WORD → フリーミアム

ビジネスモデル 02
ミクシィやDeNAの無料ゲームはなんで儲かるの？

今や驚くほどの人が遊んでいるスマホの無料ゲームですが、なぜ無料で儲かるのでしょうか。

えい太くんは尋ねました。「ケイ子さんはいわゆる"ソシャゲ"ってやるかな？」。ケイ子さんは「ええ、ミクシィやDeNAの無料のゲームならやったことがあるわ……。でも、なんで無料なのに儲かるのかしら？」と答えました。えい太くんは「簡単に言えば、一部の人がお金を払っているからなんだ」。たとえば、レアアイテムを求めてガチャガチャにお金を払う人が10人に1人でも十分に儲けが出るようになっています。

無料ゲームでなぜ儲けが出る？

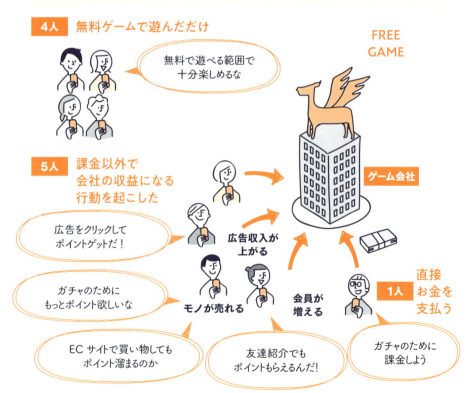

なぜ無料で大きく儲けられるのでしょうか。それは製作コストの固定費の安さにあります。ソーシャルゲームはデジタルコンテンツなので、どんなにレアなアイテムであってもデータの製作費だけで複製できるのです。また、SNSを利用して、利用者の友達の間で急速に広がったことも大きな理由です。このように無料サービスで人を集め、一部の有料会員で収益を賄う仕組みを**フリーミアム**と言います。

フリーミアムの特徴

①デジタルコンテンツであるため製作費が抑えられる

・デジタルデータのため、複製が容易でコストがあまりかからない

②企業が広告を打たなくてもSNSで自動的にユーザーが増える

あ、このゲームやってるのか！友達登録しよう！

よし！協力プレイもできるからさらに面白くなるぞ

あっ、お前もこのゲームやろうぜ！

・友達が増えるとポイントがもらえたりゲームを有利に進めたりできる
・専用のゲーム機がいらないので友達を誘いやすい

One point

フリーミアムとはFree（無料）とPremium（有料）を組み合わせた言葉である。

KEY WORD → シェアリングビジネス

ビジネスモデル
03

Airbnb とか Uber って どんな仕組みなの?

最近の世の中は、モノを所有することから、シェアして必要なときに使う という方向に向かい、そのようなビジネスも広がりつつあります。

ケイ子さんは「最近旅行に行った友達が"民泊"を利用したって言っていたけど、あれも新しいビジネスモデル?」と尋ねました。えい太くんは「そうだね、とにかく安く泊まりたい人と自分の家に泊めてもいい人をつなげる民泊は、まさに新しいビジネスモデルだね。こういうプラットフォーム (p82) を提供するビジネスを**シェアリングビジネス**と言うんだ」と答えました。

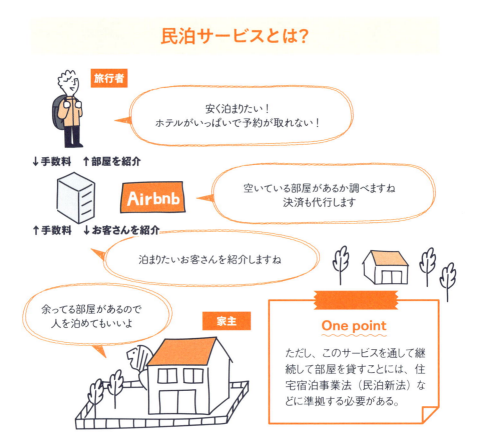

民泊サービスとは?

旅行者:安く泊まりたい!ホテルがいっぱいで予約が取れない!

↓手数料 ↑部屋を紹介

Airbnb:空いている部屋があるか調べますね 決済も代行します

↑手数料 ↓お客さんを紹介

泊まりたいお客さんを紹介しますね

家主:余ってる部屋があるので人を泊めてもいいよ

One point
ただし、このサービスを通して継続して部屋を貸すことには、住宅宿泊事業法(民泊新法)などに準拠する必要がある。

ケイ子さんは尋ねました。「でも、利用してる人は安くていいけど、地元のホテルから反発がありそうね」。えい太くんは「その通りなんだ。民泊は今、法改正に向けて進んでいるけど、ライドシェアのUberは、タクシー業界の反発にあって日本でのサービスが普及していないんだ。こういった既存の産業と衝突するのも、新しいビジネスモデルの宿命と言えるかもしれないね」と答えました。

ライドシェア会社とタクシー業界の衝突

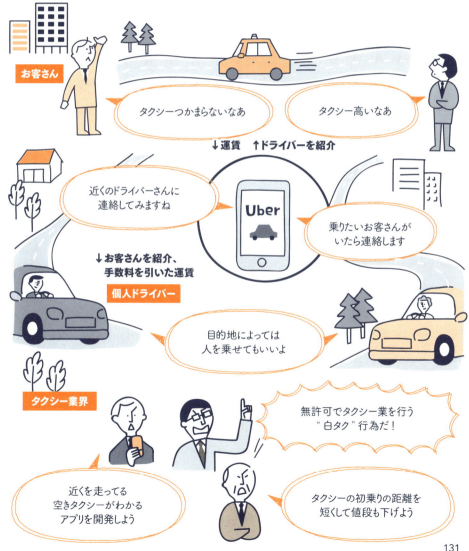

KEY WORD → オープン戦略

ビジネスモデル
04

Facebookって
なにが新しかったの？

世界中の人に利用されているFacebookのビジネスモデルは、なにが新しかったのでしょう。

ケイ子さんがスマホを見ていると「あ、Facebookを見ているの？」とえい太くんが聞いてきました。ケイ子さんは「そうよ。そう言えばFacebookってどうしてこんなに急成長したのかしら」と言いました。えい太くんは答えます。「Facebookの新しかったところは、様々な人に道具を貸して、ユーザーの力でコンテンツを増やして、人を集めるビジネスモデルなんだ。これは**オープン戦略**と呼ばれているんだ」。

オープン戦略とは?

132

Facebookのオープン戦略の新しさは、Facebook内のゲームの作り方を公開したことにあります。それまでは、プログラミングの仕様などをゲーム会社ごとに個別に伝えていたのに対し、それらをすべて公開し、誰でも作れるようにしたのです。それにより、様々な会社がゲームを作り、また、そのゲームがFacebook内の友達の協力を得て遊ぶものであったため、Facebookは会員を爆発的に増やしたのです。

Facebookのオープン戦略

● 従来のモデル

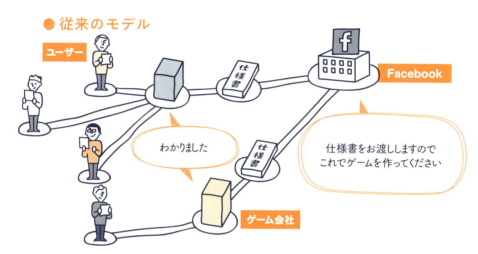

● Facebookのモデル

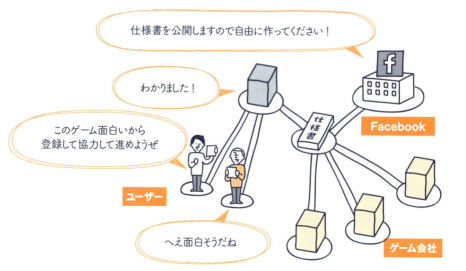

KEY WORD → ソーシャル活用モデル

ビジネスモデル
05

グルーポンは なにが画期的だったの？

おせちでイメージを悪くしたグルーポンですが、非常に画期的なビジネスモデルを持っていました。

「グルーポンって覚えてるかな？」と突然えい太くんが尋ねます。「写真と全然違うおせちを売って問題になった会社ね」と、ケイ子さんは答えます。えい太くんは「そう。あの件でイメージが悪くなったけど、あの会社のビジネスモデルはすごく画期的だったんだ。たとえば、高級レストランの1万円のコースが24時間以内に50人の申し込みがあれば、半額になるクーポンが発生するサービスだね」と言いました。

グルーポンのソーシャル活用モデルとは

134

お店側としては、コース料金が半額になってしまいますが、広告費がかからず、50人分確実に売れるので、利益になるのです。普通、「先着〇名様！」という限定品などは、友達には教えたくないものです。しかし、グルーポンのサービスは、なるべく多くの友達に教えた方が自分の得にもなるため、お客さんが口コミで自動的に増え続けます。このようなビジネスモデルを**ソーシャル活用モデル**と言います。

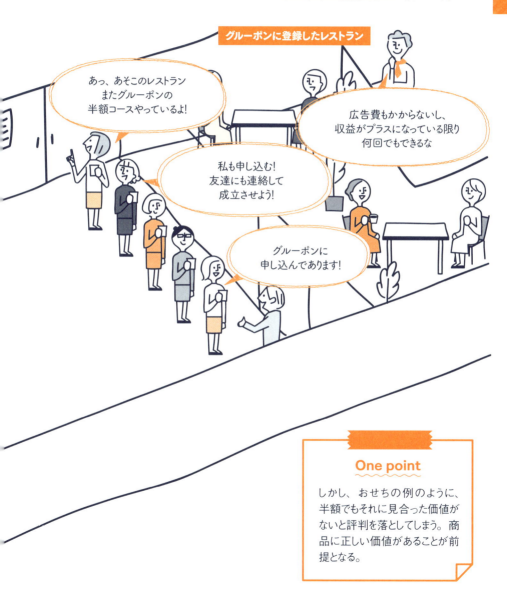

One point

しかし、おせちの例のように、半額でもそれに見合った価値がないと評判を落としてしまう。商品に正しい価値があることが前提となる。

KEY WORD → カミソリと刃モデル

ビジネスモデル
06

ネスレとジレットの共通点って？

消耗品で稼ぐビジネスモデルは古くからありますが、最近ではコーヒーマシンでもそういうサービスがあります。

えい太くんが突然クイズを出しました。「コーヒーのネスレとカミソリのジレットの共通点はなんでしょう？」。ケイ子さんは「コーヒーとカミソリの共通点……？」と悩んでいます。えい太くんは「正解はビジネスモデル。ジレットが始めたカミソリのビジネスモデルは、本体を安く売り、替え刃で儲けるんだ」。本体を安くして、消耗品で儲けるこのようなビジネスモデルを**カミソリと刃モデル**とかジレットモデルと言います。

カミソリと刃モデルとは？

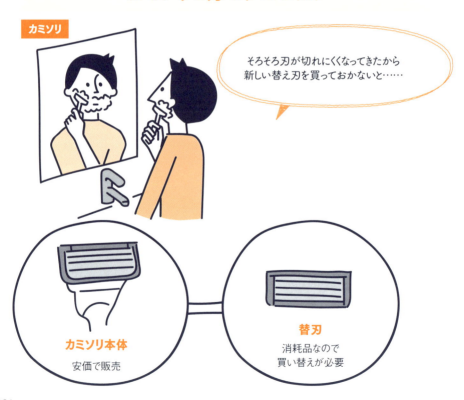

それと同様にネスレはネスプレッソというコーヒーマシンを個人や企業に安価で買ってもらいます。ネスプレッソマシンは、専用のコーヒーカプセルでないと飲めないので、マシンを導入した家庭や企業は継続的にカプセルを買い続けることになります。マシンを導入してもらうハードルを下げるために、マシンの無料体験導入やレンタルなども行っています。

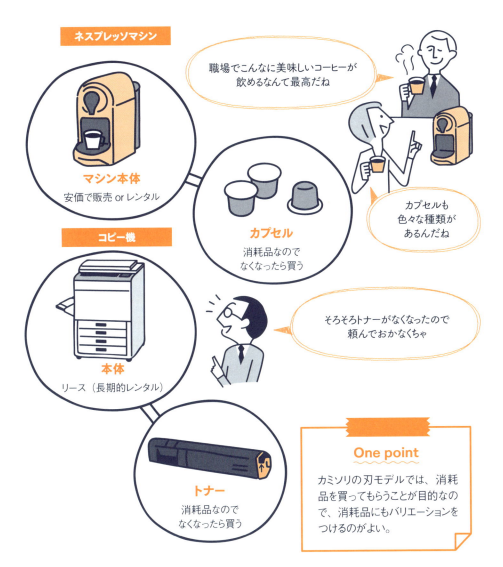

KEY WORD → 分割モデル

ビジネスモデル 07

デアゴスティーニが考えたビジネスモデルって？

「カミソリと刃モデル」に似た発想で生まれたのが、デアゴスティーニで有名なパートワークマガジンです。

ケイ子さんは「継続して買ってもらうと言えば、昨日お父さんが『週刊カウンタックをつくる』っていう雑誌の創刊号を買ってきていたのよ」と言いました。えい太くんは「パートワークマガジンか、それも新しいビジネスモデルだね。デアゴスティーニの**分割モデル**と言うんだ」と答えました。デアゴスティーニの始めたこの分割モデルは人間心理を突いたものでした。

分割モデルとは？

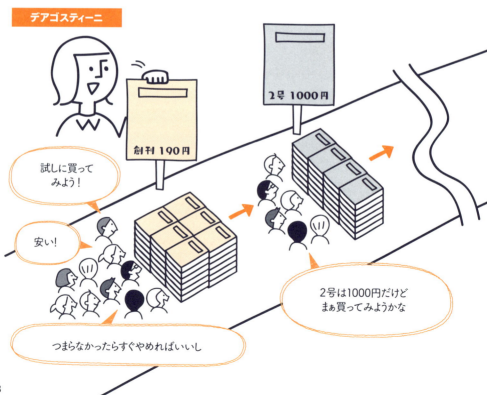

デアゴスティーニの分割モデルでは、創刊号を破格の安さにして、とにかく買ってもらいます。たとえば創刊号が次号からの10分の1の価格だったら試しに買ってしまうでしょう。そして、人間には、シリーズものを買い始めるとすべて揃えたくなる心理があります。さらに創刊号の売り上げで、その後の発行部数の予測も立てやすくなり、またシリーズの人気が出れば号数を増やしていくこともできるのです。

06 ビジネスモデル

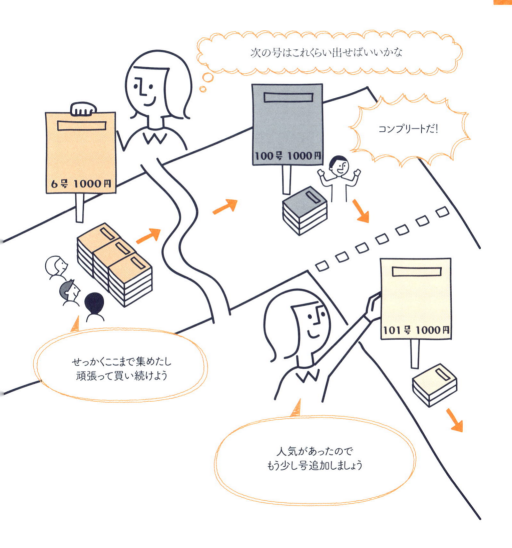

KEY WORD → ロングテールモデル

ビジネスモデル
08

売れ筋以外を充実させるAmazonの戦略って？

Amazonは自社の特性を活かして、他社には真似のできないビジネスモデルを展開しているようです。

ケイ子さんは「この間、講義の課題図書が古い本だったんだけど、Amazonで探したら簡単に見つかったのよね」と言いました。えい太くんは答えました。「それも新しいビジネスモデルで、Amazonの**ロングテールモデル**と言うんだよ。Amazonは巨大な倉庫を活用して、一般書店には置かないような、いわゆる売れ筋ではない、古い本やマニアックな本の品揃えも充実させているんだ」。

ロングテールモデルとは

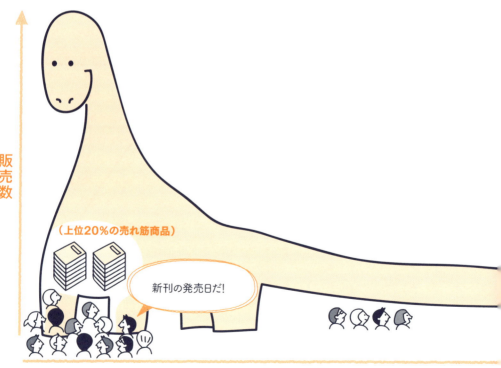

また、新刊だけでなく中古本を個人や古本屋が出品できるようにし（p82・プラットフォーム戦略®）、かなりレアな本も買えるようにしています。こういったたまにしか売れない本の売り上げが積み重なると、かなりの収益になるのです。しかし、街の書店が同じことをしようと思ったらAmazonと同じような巨大な倉庫と売り場が必要になります。リアル店舗のないネット書店で巨大な倉庫を持っているAmazonだから取れる戦略なのです。

06 ビジネスモデル

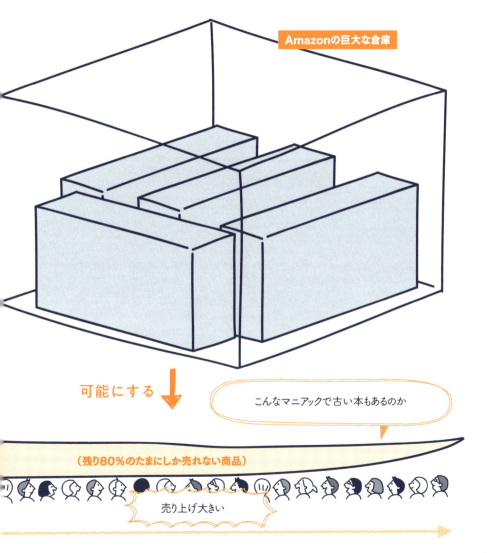

KEY WORD → 会員制モデル

ビジネスモデル
09

コストコは会員しか買えないのになぜ儲かるの?

コストコなどの会員制ビジネスは、会員以外も買えるようにした方がよさそうですが、なぜ儲かるのでしょう?

今度はえい太くんが尋ねます。「コストコに行ったことがあるかな?」。ケイ子さんは「友達が会員だったので一緒に行ったわ! でもわざわざ会員限定にしなければ私みたいな人も1人でも行くのに、なぜ会員限定なのかしら?」と答えます。えい太くんは「それがこのビジネスモデルの肝だね。このモデルは**会員制モデル**と言って、会員だけでも十分な収益が上がる仕組みになっているんだ」と答えました。

高品質低価格を実現するコストコの特徴

①自社製品(プライベートブランド)の質が高い

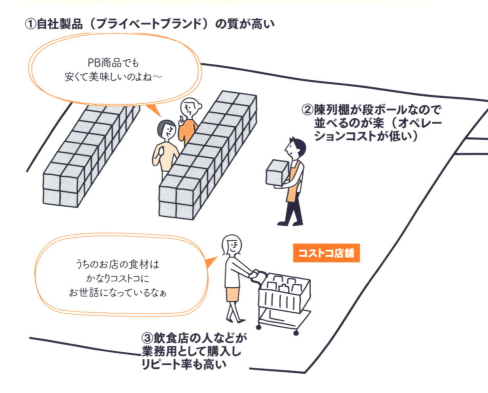

PB商品でも
安くて美味しいのよね〜

②陳列棚が段ボールなので並べるのが楽(オペレーションコストが低い)

うちのお店の食材はかなりコストコにお世話になっているなぁ

コストコ店舗

③飲食店の人などが業務用として購入しリピート率も高い

会員が来ても来なくても会費を取れるばかりか、「行かなければ損」とお客さんに思わせるリピート効果もあります。こういった会員制モデルはスポーツクラブなどと同じです。しかし、コストコは来店してなにか買ってもらえば、さらに儲かるため、ジムなどとは異なっています。そして来店して買ってもらえるのは、高品質低価格なためですが、それを実現する5つのポイントがあります。

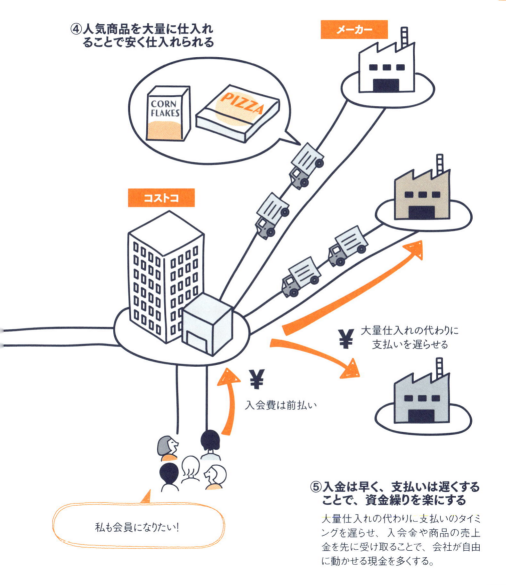

KEY WORD → ソリューションモデル

ビジネスモデル
10

IBMはパソコンを作るのをやめてなにで儲けている？

メーカーが価格競争に負けて製造から撤退しても、別の分野に進出して成功することもあります。

えい太くんが言いました。「IBMがもうパソコンを作っていないって知っていた？」。ケイ子さんは「本当？ どうして？」と答えました。えい太くんは答えて「パソコンは大量に普及してしまい、性能などの違いがお客さんにわかりづらくなってしまったんだ。これをコモディティ化（汎用品化）と言うんだけど、その結果、価格だけの競争になって、途上国製の他社のパソコンにコスト面で対抗できなくなってしまったんだ」と言いました。

IBMのソリューションモデル

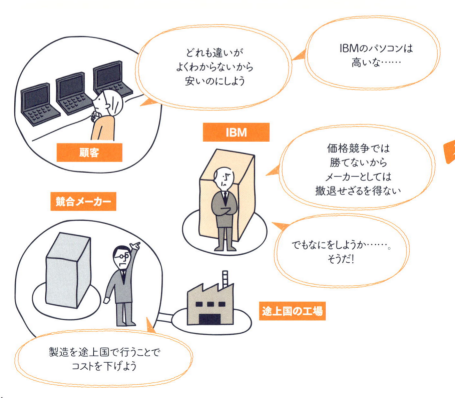

ケイ子さんは尋ねました。「じゃあ、今はなにをしているのかしら」。えい太くんは「うん。IBMはコンサルティングを含むサービス、ソフトウェアなどからなるビジネスソリューションに注力していて、企業の業務分析、提案からネットワーク構築、保守までの問題解決を一括で請け負っているんだ。このビジネスモデルは**ソリューションモデル**と呼ばれているんだ」と答えました。

06 ビジネスモデル

column No. 06

イノベーションの ジレンマとは

　アメリカのコダックという銀塩写真フィルムメーカーは、世界初のデジタルカメラを開発しておきながら、倒産してしまいました。なぜこのようなことが起こったのでしょう。

　コダックは、1975年にデジタルカメラを発明しましたが、普及には乗り出しませんでした。コダックの銀塩フィルムのシェアは独占的でしたが、フィルムはコストが安いため、そう簡単にはデジカメに取って代わられないだろうと踏んでいたのです。その後、デジタルカメラは技術的進化によるコストダウンで、フィルムを駆逐してしまったのは言うまでもありません。このように大企業は、自社の製品より安価であったり、別の機能を持っていたりする新製品が登場しても、なかなかライバル製品だと見なせないことがあります。これを「イノベーションのジレンマ」と言います。

chapter 7

生産管理のギモン

カナさん

次のステップは生産管理です。
しかし、ケイ子さんの知り合いには、
生産管理に詳しい人がいません。
そこでおじさんの自動車メーカーの生産管理部の
女性を紹介してもらいました。

KEY WORD → 見込み生産・受注生産・BTO

生産管理
01

生産管理ってどういうこと?

生産管理は、メーカーだけでなく、カフェのような飲食店にとっても重要な考え方です。

ケイ子さんは、おじさんの会社の生産管理部に勤めるカナさんに質問しました。「生産管理ってなんですか?」。カナさんは「まず、生産方式の種類から学びましょう。鉛筆工場と、ジャンボジェット工場、なにが違うかわかる? 鉛筆はお客さんの注文を受けずに作っているけど、ジェット機は注文を受けてから造っているの」と言いました。鉛筆のような方式を**見込み生産**、ジェット機のような方式を**受注生産**と言います。

見込み生産と受注生産の例

昨日頼んだお誕生日ケーキできているかしら?

はい、こちらに

僕モンブラン

私ショートケーキ

受注生産
お客さんの注文を受けてから作る方式。
在庫を抱えるリスクがないが大量生産には向かず、急な需要には対応できない。

見込み生産
お客さんの注文を受けずに需要を見込んで作る方式。
大量生産に向いているが売れなければ大量の在庫を抱えることになる。

「さらに受注生産の中では、部品だけは先に作っておいて、お客さんの発注があったときに、その部品を組み立てる方式もあるわ」とカナさんは言いました。この生産方式は **BTO**（Build to Order）と呼ばれ、パソコンメーカーの Dell のケースが有名です。Dell は、CPU や HD の容量、ディスプレイなどが選べる安価な PC で一躍有名になり、他社が真似するほど有名な方式となりました。

BTOとは

受注生産は製造に時間がかかるのがネックだったが
BTO で顧客が選択した部品はあらかじめ製造しておいたものなので
従来の受注生産より圧倒的に製造時間が短くできる

KEY WORD → 変動費・固定費・損益分岐点

生産管理
02

なにをどのくらい作るか どうやって決めているの？

どれくらい作って売れたら儲かり、どれくらい売れなかったら損をするのか、損益分岐点という考え方で調べます。

ケイ子さんは言いました。「カフェを開いたとして、たとえば、ケーキをどれくらい焼いておけばいいのかって、わからないと思うんです。そういうのって企業では、どうやって決めているんですか？」。カナさんは「その前にまず生産に関わる費用の種類について考えましょう。費用は、材料費など生産量によって変わる**変動費**と、人件費・減価償却費など常に一定額かかる**固定費**に分けられるの」と言いました。

変動費と固定費

「そして、これが計算できたらどのポイントから黒字になるかを考えるの。黒字というのは費用を売り上げが上回っている状態よ。費用と売り上げが相殺し合って、ちょうどゼロになる点を赤字になるか黒字になるか分かれる点という意味で**損益分岐点**と言うのよ。売り上げを示すラインが、費用を示すラインより上に位置するほど、利益は大きくなるの」とカナさんは言いました。

損益分岐点とは

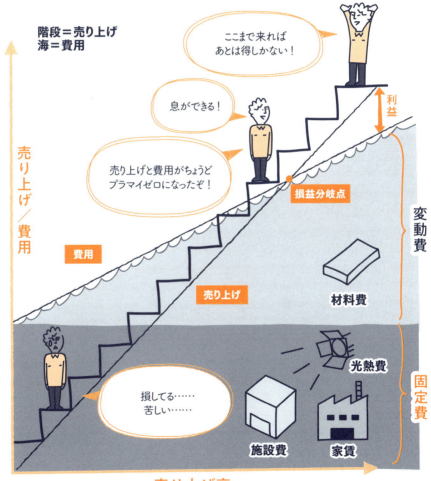

KEY WORD → フォード生産方式・セル生産方式

生産管理 03
大量生産に向く製造方法とその弱点って？

ベルトコンベヤーは大量生産に向いています。しかし、この生産方式にも、弱点があるようです。

ケイ子さんは尋ねました。「工場って言うとベルトコンベヤーを想像するけど、おじさんの会社もそうかしら」。カナさんは言います。「そうよ。アメリカのフォードという自動車会社が開発したのが、いわゆる**フォード生産方式**ね。作業を細かく分割し単純化することで、大量に安く生産することを可能にしたの」。しかし、この方式は、固定費が非常にかかるなどの問題がありました。

フォード生産方式とは

●メリット
・各工程の単純化により安い労働力を雇い、人件費を節約できる
・作業者のスキルによらないので、製品の仕上がりにムラがなくなる

●デメリット
・大規模な製造ラインが必要になるため固定費がかさむ
・同じ場所で作業するため、作業者の負担が大きい
・最も作業の遅い人に全体が合わせるため、手の空く人が出てくる

「大量生産の時代が終わり、多くの種類の少量生産や、いきなり生産量が変わることへの対応が求められるようになったの。そこで現れたのが**セル生産方式**よ」とカナさんは言いました。この方式では、セルと呼ばれるU字型の作業台で、少数の人で複数工程を担当するというものでした。製作途中の製品が流れてくるまで、作業者が何もできなかったコンベア式とは違い、常に人が作業しています。

セル生産方式とは

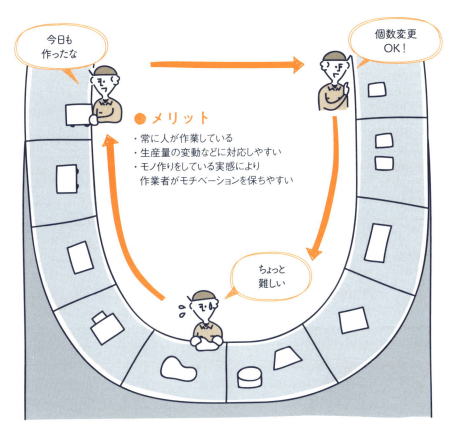

● デメリット
・1人で色々な作業をするため作業者に高いスキルレベルが求められる
・作業者を育てるのに時間がかかる
・大量生産、中・大型組み立て製品には不向き

KEY WORD → JIT・かんばん方式

生産管理
04

世界に評価された日本の生産方式って？

日本を代表する世界的企業・トヨタは、その独特の生産方式も世界に評価されています。

カナさんは「日本が発明した生産方式が世界で使われていると知ったら驚くかしら？」と言いました。ケイ子さんはピンときて「もしかして **JIT**（p49）ですか？」と答えました。お姉さんは驚いて「よく知っているわね。トヨタは、在庫を持つという製造業界の常識を覆して、『必要なモノを、必要なときに、必要なだけ』発注するJIT（Just in time）の考え方を導入したの」と説明しました。

従来の製造業の悩み

カナさんが説明します。「JITの考え方を現場に即応させたのが**かんばん方式**ね。かんばんというのは、部品納入の時間、数量が記入された票のことね。たとえば、ある工場で造った部品を別の工場で組み立てる場合、2つの工場の作業者は、かんばんを通してやり取りすることになるの。作業者は使うときに使いたいだけ発注でき、部品を造る方も在庫を保管しておかなくていいから双方に都合がいいのよ」。

07 生産管理

トヨタのかんばん方式とは

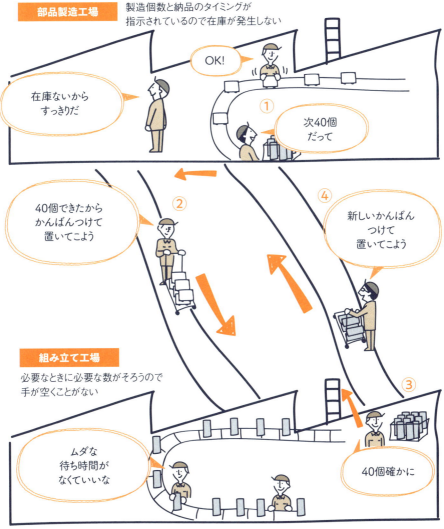

KEY WORD → サプライチェーン・SCM

生産管理
05

生産効率をもっと上げる方法はないの？

製品の企画から販売までの流れには様々な企業が関わっていますが、全体の最適化をはかるにはどうすればよいのでしょう。

カナさんが「たとえば、あるメーカーの場合、原材料の調達と販売と配送はすべて別々の会社のことが多いの。開発からお客さんの手元に届くまでの流れを**サプライチェーン**と言うんだけど、それぞれが別の会社だと全体から俯瞰したときすごくムダが多かったりするのよね」と言いました。たとえば、売れ筋商品の在庫が切れていたり、逆に売れない商品の大量の在庫を抱えていたりといった具合です。

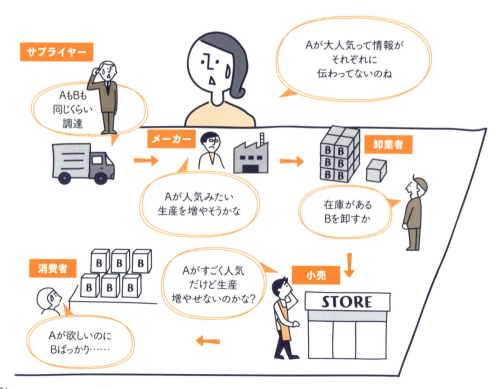

従来のサプライチェーン

156

これを管理するのが **SCM**（サプライチェーン・マネジメント）です。原材料を調達するサプライヤーから製造・物流・販売のすべてをコンピュータ管理して、なにが売れており、なにが売れていないかなどの情報を共有し、ムダをなくします。ただし、いくら取引先と言っても、あらゆる情報が共有できるわけではありません。各社が、どの程度の情報を開示するかは、慎重にならなければなりません。

07 生産管理

SCMとは

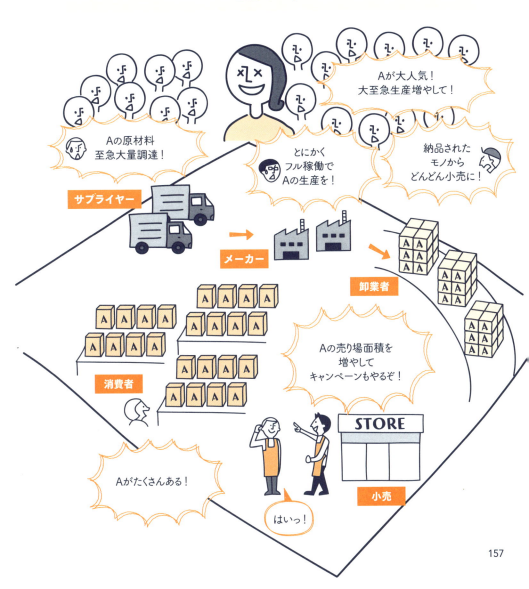

KEY WORD → OEM

生産管理
06

コンビニのPB商品って誰が作っているの？

少し前からスーパーやコンビニなどに、PB商品というものが増えましたが、自社で作っているのでしょうか。

カナさんは「コンビニのPB（プライベート・ブランド）商品って買ったことあるかな？」と尋ねました。ケイ子さんは「はい、メーカーの商品とそんなに変わらないのに安くていいですよね。ああいうのって、そのコンビニが作っているんですか？」と聞きました。お姉さんは「実は、製造を肩代わりする企業があって、こういう方式は**OEM**（Original Equipment Manufacturer）と呼ばれているのよ」と教えてくれました。

コンビニのPB商品で見るOEMの例

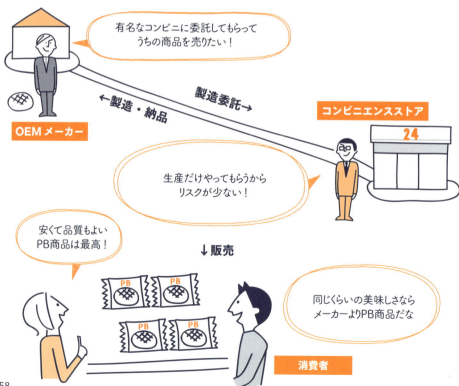

OEMでは、コンビニのような委託元は、自社の工場などを増やすことなく販売量を増やすことができます。また、委託先によっては自社の製造品より良質な商品ができることもあります。一方、受託するOEMメーカーにとっては、営業力が弱くても、委託元のブランドを利用して製品の売り上げが伸ばせる、委託元から指導を受けることで製造技術の水準が上がるなどのメリットがあります。

委託元とOEMメーカーのメリット・デメリット

KEY WORD → デジュールスタンダード・デファクトスタンダード

生産管理
07 規格が決まっている商品と決まっていない商品って？

製品の中には規格が決まっているものと決まっていないものがあります。この違いはなんなのでしょう。

カナさんが「少しカフェとは関係ない話なんだけど……電池って単3とか単4とかはあるけど、日本中どこで買っても同じだよね。こういう規格の決まっているものの標準を**デジュールスタンダード**って呼ぶのね。電池はJIS（日本工業規格）っていう公的な定めがあるからそうなっているんだけど、規格の決まっていない製品もたくさんあるよね」と言いました。

デジュールスタンダードの特徴

● メリット

・公的な機関に定められる標準なので手堅い
・輸出なども、相手国への規格変更などを考えなくてよいメリットもある

● デメリット

・長い議論を経て決定するので決定に非常に時間がかかる

160

カナさんが続けます。「昔、ビデオテープの規格は、VHSとβという2つの規格があったんだけどVHS規格の方が普及して事実上の標準になったのね。これを**デファクトスタンダード**って呼ぶのよ。圧倒的な標準になれれば、価格競争とも無縁になる。だから、企業は新技術を開発したらこれを目指すんだけど、お客さんにとっては、その過程で不便に思うこともあるの」

デファクトスタンダードの例

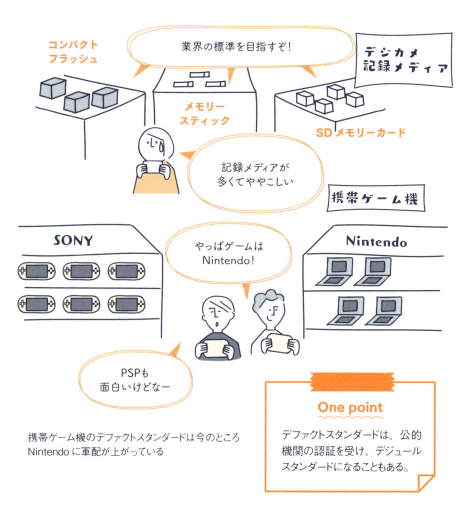

携帯ゲーム機のデファクトスタンダードは今のところNintendoに軍配が上がっている

One point

デファクトスタンダードは、公的機関の認証を受け、デジュールスタンダードになることもある。

KEY WORD → 規模の経済

生産管理 08

大量に作れば安売りできるのはどうして？

大量生産をすることで、製品ひとつあたりのコストが安くなります。これはどのような仕組みなのでしょう。

ケイ子さんは「さっき気になったんですけど、大量生産で作れば安くすむっていうのはどうしてなんですか？」と聞きました。カナさんは「うん、これは**規模の経済**って言われるものなんだけど、さっき話した固定費と変動費の話を覚えているかな？簡単に言うと、大量に作れば作るほど製品1つあたりの固定費の金額が下がるから、1つの製品の原価が下がってコストも下げられるってことなの」と言いました。

規模の経済とは？

1つ200円のパンにかかる費用は各費用の合計÷個数

具体的に考えてみましょう。家賃10万円の工場で、1万個のパンを作っていたとします。そうすると、パン1個の原価に、10円の家賃分が入っていることになります。パンを2万個作ることができれば、家賃分は5円になります。ただし、新しい人を雇ったり、工場を拡張したりすれば、その固定費が上がるので、あくまでも原則であることに注意しましょう。

07 生産管理

●同じ設備、人数でさらに多くのパンを作れるようになったら……

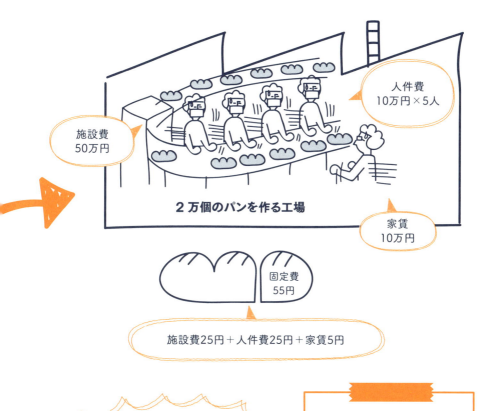

施設費 50万円

人件費 10万円×5人

2万個のパンを作る工場

家賃 10万円

固定費 55円

施設費25円＋人件費25円＋家賃5円

55円も原価が下がったので その分、売り値にも反映できる！

One point

大量生産をするための工場の拡張や、新しい機械を導入する場合には必ずしもコストは下がらないので注意が必要。

KEY WORD → 範囲の経済

生産管理
09

生産で出た廃棄物を利用できないの？

ひとつの設備で複数の製品が作れればもっと儲かりそうです。たとえば、製造の過程で出る廃棄物に注目してみます。

カナさんは続けます。「規模の経済に似た言葉で**範囲の経済**っていうのもあるのよ。名前が似ているだけで全然違うんだけど、これはひとつの企業が複数の製品を生産できれば、ひとつの製品を作っていたときよりコストも下げられるし、収益も上げられるっていうことなの。たとえば、食品製造で出た廃棄物の利用なんかが有名だね。ちなみにこれは製造だけじゃなくサービスでも同じことが言えるね」。

範囲の経済とは

廃棄物の再利用

カルピスの製造過程で見つかったカルピス菌を使った健康食品の製造

倉庫や棚などのスペースの利用

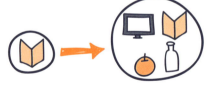

巨大な倉庫を利用して本の通販サービスからあらゆるモノを取り扱うサービス

共通の設備で複数の製品・サービスを生産・販売することで製品1単位あたりのコストをカットし、収益も上げる

One point

ただし、複数の製品・サービスならなんでもよいというわけではない。

キユーピーは、マヨネーズを作るときに出ていた大量の卵の殻を、化粧品の原料やカルシウム強化剤、チョークの粉など様々な副産物に再利用しています。この再利用により、それまで卵の殻を処理するのにかかっていた廃棄コストの削減、化粧品の原料などを製造するための原材料コストの抑制、さらにそれら副産物の収益と一石三鳥の結果を得ることに成功したのです。

07 生産管理

キユーピーマヨネーズの例

● 卵の殻の再利用で得られるメリット ①〜③

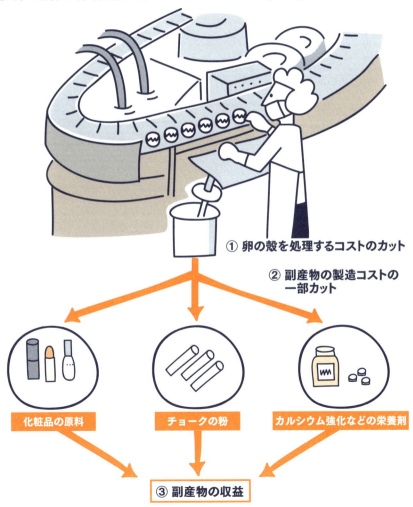

KEY WORD → コンカレント・エンジニアリング

生産管理
10
開発から発売までの期間をなるべく短くするには？

世の中の動きに対応するためには、なるべく早く生産できるシステムを持っていることは企業の強みになります。

カナさんは「最後にクイズ。日本の企業は、製品開発から発売までの時間が、海外に比べてすごく短いと言われているの。どうしてでしょう？」と聞きました。ケイ子さんは考え込んでしまいました。カナさんは笑って言いました。「正解は、欧米の企業は、開発から発売まで順を追って進めていく（シーケンス・エンジニアリング）のに対し、日本では一部の工程を同時並行で走らせているからなの」。

シーケンス・エンジニアリングとは

時間はかかるがそれぞれの部門は自分の仕事に集中すればよい

166

「この同時並行の流れを**コンカレント・エンジニアリング**と言うのね。たとえば、世の中の動きに絡めた新製品をなるべく早く出したいということってあるよね。そのためには製造の期間はなるべく早い方が有利よね。それだけじゃなく、この方式なら設計後の変更なんかにも対応しやすいの」とカナさんは話すと「カフェと関係ない話も色々しちゃったけど、頑張ってね」と言い去っていきました。

コンカレント・エンジニアリングとは

ひとつの部門の工程が終わる前に次の部門の工程が同時並行で始まる
それゆえ前の部門はもちろん後の部門の意見も取り入れながら進行していくことになる

時間は短縮できるが他の部門とのすり合わせが重要なので
他部門への理解と複雑なコミュニケーションが要求される

column No. 07

なぜ在庫を持たない方がいいの？

「在庫を減らす」という話がしきりに出てきましたが、なぜ在庫を持たない方がよいのでしょうか。在庫があった方が、不良品とすぐに交換できたり、市場の急な需要にも対応できたりと、一見よさげに思えます。

ひとつには、基本的に在庫は、経年劣化により品質が下がります。こういったものは値下げ販売するしかなく、また、時間を経れば陳腐化し、商品価値が低下していきます。保管費用や維持費用、管理費用の金額も馬鹿になりません。

しかし、トヨタのJIT（p49、154）――「必要なときに必要な分だけ」を受注生産で発注するやり方は、大手であるからこそ可能なやり方です。そのため、普通の経営者はバランスを考えながら在庫管理をしているのです。

chapter 8

組織のギモン

今日の教授の講義は組織についてです。
企業には様々な人がいます。
それらをまとめて、会社も儲けるためには
どんな組織が望ましいのでしょう。

KEYWORD → 職能別組織・事業部制組織

組織 01

組織はどういう基準で作られる？

お店をやるとなると人を使います。どういう組織を作ったらよいのでしょうか。

教授の講義が始まりました。「今日は組織についてお話しします。企業や団体に限らず、君たちのサークル活動にも組織があると思います。組織の形はどのように決まるのでしょう」。組織の形には、**職能別組織**や**事業部制組織**といったものがあります。職能別は〇〇部という専門的なセクションに分かれた形で、事業部制とは事業部自体で利益を計算できる形の組織になります。

職能別組織と事業部制組織

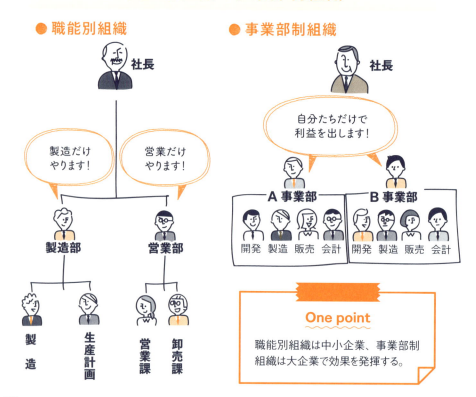

One point
職能別組織は中小企業、事業部制組織は大企業で効果を発揮する。

08 組織

チャンドラーという経営史学者は"組織は戦略に従う"という言葉を残しました。組織の形は経営戦略によって変わるというものです。世界最大級の化学系企業ダウ・デュポンは火薬や爆薬を扱っていましたが、戦後に爆薬の需要が低くなるのを見越し多角化の戦略を取りました。ダウ・デュポンは職能別組織を敷いていましたが、様々な新規事業が成長していくに従い、事業部制へ移行していきました。

ダウ・デュポンの例

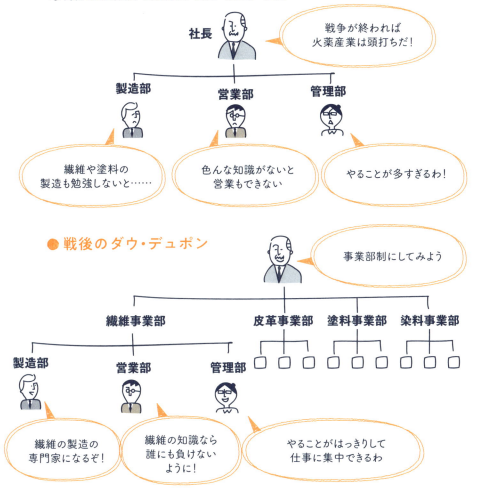

KEY WORD → 7S

組織 02 自社の組織を分析するには？

自社の組織を分析するためには、どうすればよいでしょう。7つの観点で組織を捉え直す方法があるようです。

経営コンサルタンティング会社・マッキンゼーは、7つの観点から見る組織の分析方法を考案しました。戦略 (Strategy)、組織 (Structure)、システム (System)、人材 (Staff)、スタイル (Style)、共有価値 (Shared Value)、スキル (Skill) で、頭文字を取って **7S** と呼ばれています。最初の3つはハードのS、後の4つはソフトのSと呼ばれています。

7Sとは

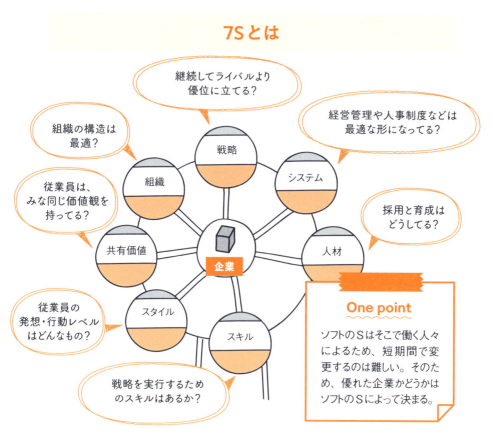

One point

ソフトのSはそこで働く人々によるため、短期間で変更するのは難しい。そのため、優れた企業かどうかはソフトのSによって決まる。

172

「7Sは、それぞれ独立しているわけではなく、すべてがつながっています。そのため、ひとつ変えると、すべてが変わっていくことも起こり得ます」と教授は言います。たとえば、市場が安定していた時代から飽和した時代へと移り変わり、それに合わせて変革した組織はイラストのようになります。ハードを変えるのはそれなりに容易ですが、ソフトの4Sを変えるのが難しいことは想像がつくでしょう。

08 組織

ある組織の7Sの変化

KEY WORD → チェンジ・マネジメント理論

組織 03 組織を変えるにはどういう手順を踏めばいいの？

移り変わる時代を生き残るには、組織も変わらなければなりません。組織が変わるためにはどうすればよいのでしょう。

「コッターという経営学者の提唱した**チェンジ・マネジメント理論**によれば、時代の移り変わりに合わせて、企業も変革しなければなりません。そして変革のためにはリーダーシップが必要なのです」と教授が続けます。リーダーシップとは「ルールを超え、啓発と動機づけによって、この人についていこうと思わせ、組織集団を動かすための方法論」であると、コッターは定義づけました。

企業変革のための8ステップ

このリーダーシップを獲得し、企業変革を成功させるためにはどうすればよいのでしょうか。それには8つのステップが必要です。この8つのステップを決して飛ばさず、順を追って行うことが重要だとコッターは述べています。企業変革には、抵抗と反発が伴うため、じっくりと腰を落ち着けて計画を練り、十分に時間と労力をかけ社内コミュニケーションを行わなければならないのです。

08 組織

KEY WORD → 暗黙知・形式知・SECIモデル

組織
04

日本人が考えて世界に普及した理論って?

組織の中の知識は、マニュアルとして伝えられるものと、言葉にできない個人のノウハウのようなものがあります。

ベテラン社員の個人的なノウハウが、若い社員には伝わっていないという現象はよくあります。こういった知識を**暗黙知**と言い、言葉にして伝えられる知識を**形式知**と言います。日本企業は、この暗黙知を形式知に変えて、社内で共有し、新たな知を生み出すのが得意でした。それを、ひとつのプロセスとして示したのが、一橋大学の野中郁次郎名誉教授が提唱した**SECIモデル**です。

SECIモデルとは

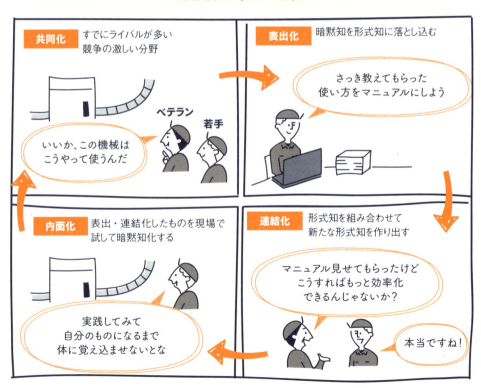

176

教授は言います。「SECIモデルは、共同化（Socialization）、表出化（Externalization）、連結化（Combination）、内面化（Internalization）の4つを回すことで、新たな知を創造するプロセスです」。製薬会社のエーザイはこれを取り入れています。「業務時間の1%を患者様とともに過ごす」というヒューマン・ヘルスケア活動で患者さんとの触れ合いを多くし、共同化できる課題を探しているのです。

エーザイのSECIモデルの例

column   No. 08

職能別組織の発展系 マトリックス組織

　職能別組織、事業部制組織（p170）の発展系で、マトリックス組織というものがあります。

　これは1人の社員が、複数の上司を持つ組織になります。たとえば、全国に支店を持つある企業の営業部営業課のAさんが、埼玉支店で働いているという場合です。Aさんの上司は営業課の課長ですが、同時に埼玉支店の支店長も上司に当たります。企業の営業方針とは別に、エリア別営業には、そのエリアの要件を踏まえたマネジメントが必要で、この2つを同時に達成するためにはマトリックス組織は便利なのです。

　しかし、欠点もあります。上司が2人いることが、現場で働く社員を混乱させることもあります。2人の指示が矛盾していると、その間で調整する社員を疲弊させます。

chapter 9

金融・ファイナンスの
ギモン

いよいよ教授の講義も最後です。
最後のテーマは、金融・ファイナンスです。
数字が苦手なケイ子さんには
少し取っつきにくいですが、
最後までしっかり学びます。

KEY WORD → フィンテック

金融・ファイナンス
01 フィンテックってなに？

会社やお店の経営で避けて通れないのがお金です。最近では現金だけでなく色々な金融サービスがあります。

最後の講義が始まりました。「さて、最後はお金の話です。お金と言っても幅広いのですが、現在、IT技術の発達により、金融サービス業界に革命が起きています。たとえば、通販サイトなどの商品をスマホ決済したことのある人はいますか？ スマホでの電子決済はまさに新しい時代のサービスです」。このようなサービスを金融（Finance）と技術（Technology）を合わせた造語で**フィンテック**（Fintech）と言います。

フィンテックで可能になること

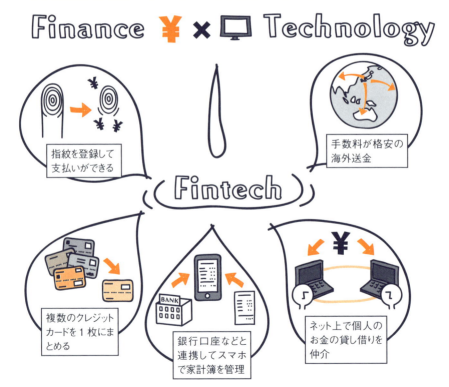

「特に将来、起業しようと思っている人、お店をやろうと思っている人はよく聞いておいてください。経営において、お金にまつわる様々な業務からは逃れられません。その手間を省いたり、資金の調達の可能性を増やしたりできるのがフィンテックです。また、それだけでなく、フィンテックと絡めた新しいビジネスモデルもこれから続々と現れることでしょう」と教授は続けました。

企業の経理におけるフィンテック導入例

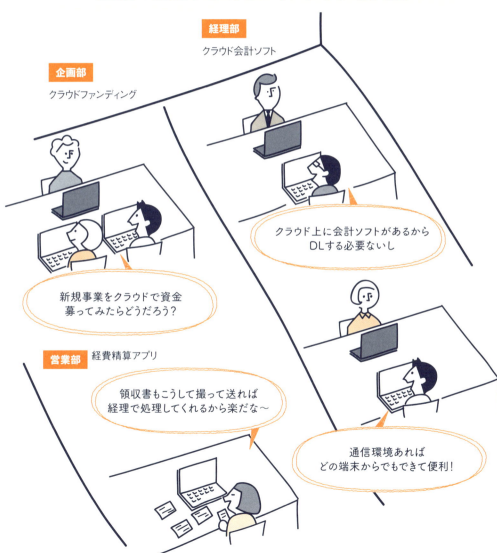

KEY WORD → キャッシュフロー

金融・ファイナンス
02
キャッシュフローってなに？

キャッシュフローとは直訳すれば現金の流れですが、具体的にはどのようなことなのでしょうか。

キャッシュフローという言葉を聞いたことがあるでしょうか。直訳すると現金の流れですが、詳しく説明しましょう。企業間の商品やサービスの売り買いにおいて、商品が売れ、売り上げが立った時期と実際に入金される時期は異なっているのが普通です。企業は、入金されるまでの間に返済金の支払いや、商品の仕入れのために借り入れなどで資金繰りをします。この現金の流れをキャッシュフローと言います。

キャッシュフローとは

One point

上記の流れで、たとえば銀行からの借り入れができなくなるなどして倒産する場合もある。この場合売り上げは立っているのに倒産することから、黒字倒産と呼ばれる。

キャッシュフローには、営業、投資、財務の3種類があります。それぞれ本業に関わる支出、資産に関わる支出、前述の2つでも賄えず工面したお金です。なお、営業と投資を合わせたものをフリーキャッシュフローと言い、自由に使える資金となります。もちろん、これが多ければ多いほど経営はしやすくなり、その企業の経営状態はよいということになります。

09 金融・ファイナンス

3種のキャッシュフロー

KEY WORD → 財務諸表・貸借対照表・損益計算書・キャッシュフロー計算書

金融・ファイナンス
03 財務諸表ってなに？

企業の経営状態を見るには、財務諸表という経営の成績表のようなものを調べる必要があります。

企業の経営状態を調べるには、なにを見ればよいのでしょう。**財務諸表**という言葉を聞いたことがあるでしょうか。これはまさに、企業の経営状態や財政状況がわかる会計データのことです。もっと簡単に言えば、財務諸表とは企業の成績表のようなものです。**貸借対照表**、**損益計算書**、**キャッシュフロー計算書**の3つからなり、財務三表とも呼ばれます。

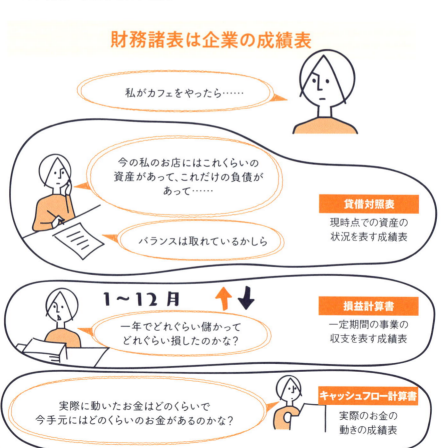

184

この3つの成績表を見て、自社の経営状態、財務状況の分析を行います。倒産の可能性が低そうか（安全性）、どのくらい効率的に儲けられているか（収益性）、長期間にわたって売り上げが伸びているか（成長性）などの観点から分析をしていきます。また、自社だけではなく、他社やお金を貸してくれる銀行なども財務諸表を見て、様々な判断の材料にしています。

09 金融・ファイナンス

財務諸表から見る分析

KEY WORD → 経営指標

金融・ファイナンス
04
業績の良し悪しは どこを見ればわかる?

財務諸表の分析で経営状態を調べることはわかりましたが、具体的にはどのように見ていけばいいのでしょう。

先ほど見た財務諸表の分析で安全性、収益性など色々な観点から見ることをざっくりと説明しましたが、実際にはもっと細かく見ていきます。たとえば、売り上げに対して原価が高いため、あまり利益が出ていないなどの課題は、利益を売り上げで割り100をかけた"売上高総利益率"という指標を見るとわかります。このような指標のことを**経営指標**と言います。

様々な経営指標の看板

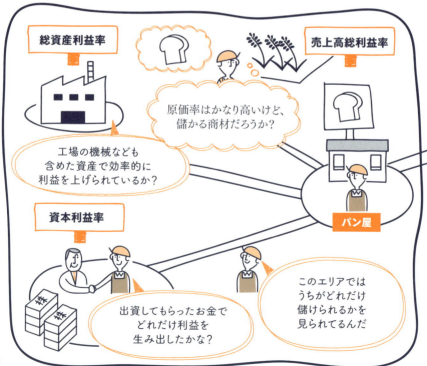

186

経営指標は、競合他社の分析や、取引先の財務状況の確認、新規事業を始める際の他社分析、M&Aや業務提携における候補先検討など様々な目的に使われています。パーセンテージで表されているので、○○という指標が100%以下になっていると危険信号といった、企業の良し悪しをはかる、わかりやすい目安としても役立つのです。

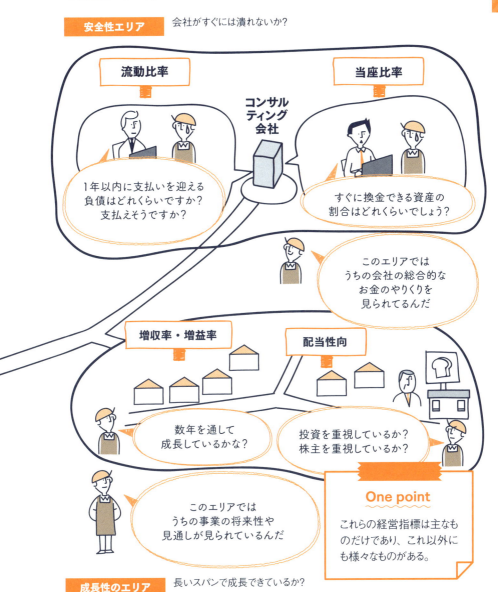

KEY WORD → 時価総額

金融・ファイナンス
05

時価総額ってなに？

企業の価値とはなにで決まるのでしょう。上場企業ならば株価が関係しますが、未上場企業はどうでしょうか。

さて、最後は企業の価値についてのお話です。"**時価総額**"という言葉を聞いたことがあるでしょうか。上場企業の場合、株券が取引されているので株価があります。株価に発行済株式数をかけたものが株式時価総額です。たとえば、1株1万円で2000株発行している会社の株式時価総額は、2000万円ということになります。

企業の価値はどうやって決まる？

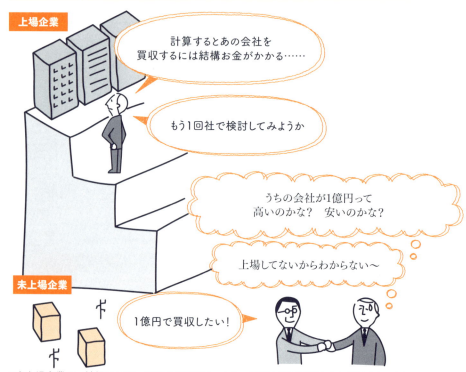

上場企業

計算するとあの会社を買収するには結構お金がかかる……

もう1回社で検討してみようか

うちの会社が1億円って高いのかな？ 安いのかな？

上場してないからわからない～

未上場企業

1億円で買収したい！

＊未上場企業は、株価というはっきりした指標がないから、買収金額が妥当なのかどうかもわからない

「上場企業ならば、そういった方法で価値をはかれますが、未上場企業の場合はどうでしょうか。未上場企業の価値をはかる方法は大きく分けて、①決算書をもとに算定する、②類似の上場企業の株価を参考にする、③フリーキャッシュフローをもとに算定する、の3つがあります……」。講義を聞きながら、ケイ子さんは、まだまだ学ぶことが多いと感じ、経営学の勉強を続けていこうと思いました。

09 金融・ファイナンス

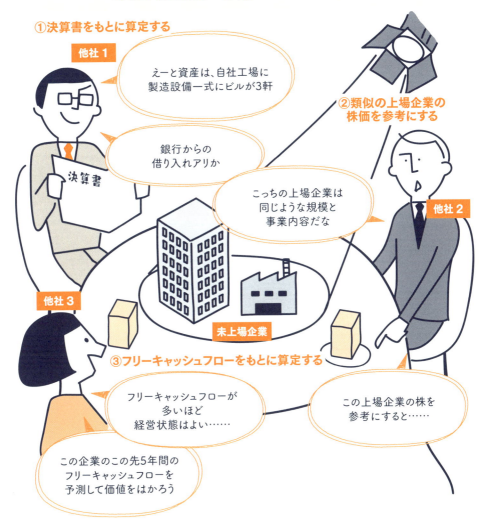

未上場企業の価値をはかる方法

①決算書をもとに算定する

他社1
えーと資産は、自社工場に製造設備一式にビルが3軒
銀行からの借り入れアリか

②類似の上場企業の株価を参考にする

他社2
こっちの上場企業は同じような規模と事業内容だな

未上場企業

他社3
③フリーキャッシュフローをもとに算定する
フリーキャッシュフローが多いほど経営状態はよい……
この上場企業の株を参考にすると……
この企業のこの先5年間のフリーキャッシュフローを予測して価値をはかろう

column No. 09

クラウドファンディングってなに？

　フィンテック（p180）のときに出てきたクラウドファンディングとはどういったものなのでしょうか。これは、プロジェクトごとに、企業が個人からお金を募る方法です。銀行からの借り入れなどの従来の資金調達方法は、審査が厳しく時間がかかることがネックでした。クラウドファンディングでは、基本的にお金を出してくれるのは、プロジェクトに賛同した人なので、そういった人が多いほど、目標額を早く達成できます。

　クラウドファンディングのタイプにも、株式投資型、購入型、寄付型など様々なものがありますが、規則もあります。たとえば、株式投資型では、同一の会社が資金調達を行うことができる金額は、1年間に1億円未満に限られるなど、様々な制限がかけられています。

● 参考文献

カール教授のビジネス集中講義 経営戦略　平野敦士カール　著（朝日新聞出版）

カール教授のビジネス集中講義 ビジネスモデル　平野敦士カール　著（朝日新聞出版）

カール教授のビジネス集中講義 マーケティング　平野敦士カール　著（朝日新聞出版）

カール教授のビジネス集中講義 金融・ファイナンス　平野敦士カール　著（朝日新聞出版）

マジビジプロ 図解　カール教授と学ぶ 成功企業 31 社のビジネスモデル超入門！
平野敦士カール　著（ディスカヴァー・トゥエンティワン）

● STAFF

編集	坂尾昌昭、小芝俊亮、北村耕太郎（株式会社 G.B.）
本文イラスト	熊アート
カバーイラスト	別府拓（G.B.Design House）
カバー・本文デザイン	別府拓（G.B.Design House）
DTP	出嶋勉

監修 **平野敦士カール**（ひらの あつし かーる）

米国イリノイ州生まれ。東京大学経済学部卒業。株式会社ネットストラテジー
代表取締役社長、社団法人プラットフォーム戦略協会代表理事。日本興業銀
行、NTTドコモを経て2007年ハーバードビジネススクール准教授とコンサル
ティング＆研修会社の株式会社ネットストラテジーを創業し社長に就任。ハー
バードビジネススクール招待講師、早稲田MBA非常勤講師、BBT大学教授、
楽天オークション取締役、タワーレコード取締役、ドコモ・ドットコム取締役を
歴任。著書に『プラットフォーム戦略』（共著、東洋経済新報社）、『ビジネス
モデル超入門！』（ディスカヴァー・トゥエンティワン）、『新・プラットフォーム思
考』、『カール教授のビジネス集中講義』シリーズ「経営戦略」「ビジネスモデル」
「マーケティング」「金融・ファイナンス」（以上、朝日新聞出版）など多数。

大学4年間の
経営学見るだけノート

2018年3月3日　第1刷発行

監修　　　　平野敦士カール

発行人　　　蓮見清一
発行所　　　株式会社 宝島社
　　　　　　〒102-8388
　　　　　　東京都千代田区一番町25番地
　　　　　　電話　営業：03-3234-4621
　　　　　　　　　編集：03-3239-0928
　　　　　　http://tkj.jp

印刷・製本　サンケイ総合印刷株式会社

本書の無断転載・複製を禁じます。乱丁・落丁本はお取り替えいたします。
©Carl Atsushi Hirano 2018 Printed in Japan
ISBN978-4-8002-7479-3